오십의 말 품격 수업

KI신서 10304

오십의 말 품격 수업

1판 1쇄 발행 2023년 7월 11일
1판 3쇄 발행 2023년 5월 31일

지은이 조관일
펴낸이 김영곤
펴낸곳 ㈜북이십일 21세기북스

콘텐츠개발본부이사 정지은
인생명강팀장 윤서진 **인생명강팀** 최은아 강혜지 황보주향 심세미
디자인 김희림
출판마케팅영업본부장 민안기
마케팅2팀 나은경 박보미 정유진 백다희
출판영업팀 최명열 김다운 김도연
제작팀 이영민 권경민

출판등록 2000년 5월 6일 제406-2003-061호
주소 (10881) 경기도 파주시 회동길 201 (문발동)
대표전화 031-955-2100 **팩스** 031-955-2151 **이메일** book21@book21.co.kr

ⓒ 조관일, 2022
ISBN 978-89-509-0540-8 03190

㈜북이십일 경계를 허무는 콘텐츠 리더

21세기북스 채널에서 도서 정보와 다양한 영상자료, 이벤트를 만나세요!
페이스북 facebook.com/jiinpill21　　　포스트 post.naver.com/21c_editors
인스타그램 instagram.com/jiinpill21　홈페이지 www.book21.com
유튜브 youtube.com/book21pub

서울대 가지 않아도 들을 수 있는 명강의! 〈서가명강〉
'서가명강'에서는 〈서가명강〉과 〈인생명강〉을 함께 만날 수 있습니다.
유튜브, 네이버, 팟캐스트에서 '서가명강'을 검색해보세요!

오십의 말 품격 수업

단어, 말투,
태도가 깊어지는
50의 말 공부

조관일 지음

21세기북스

* 일러두기

이 책의 일부 내용 중 기존에 출간된 저자의 저작물들에서 인용한 부분은 일일이 출처를 밝히지 않았습니다.

오십, 말의 품격을 생각할 때

요즘 세태를 한마디로 정의한다면 뭐라고 할 수 있을까요? 사람들마다 생각이 다 다르겠지요. 세상을 바라보는 저마다의 창문이 다르니까요.

　나에게 정의하라고 한다면 '품격이 무너진 세상'이라고 하겠습니다. 제멋대로 입고 제멋대로 행동하고 제멋대로 말합니다. 그중에서 제멋대로 말하는 언어품격의 몰락이 가장 우려스럽습니다. 말은 모든 행위의 근원이요, 말이 사람을 지배할 수 있기 때문입니다. 그뿐만 아니라 말은 전염력이 강해서 다른 사람에게 쉽게 옮겨지고 삽시간에 세상을 물들입니다.

독일의 언어학자이자 강연과 컨설팅으로 세계적 명성을 얻고 있는 도리스 메르틴 박사는 그의 책 『아비투스』에서 품격이 사라지고 있는 세상을 지적하며, 품격이야말로 삶과 기회 그리고 지위를 결정한다고 했습니다. 그는 인간의 품격을 결정하는 7가지를 일종의 '자본'으로 봤습니다. 어떻게 생각하고 어디까지 상상하느냐는 '심리자본', 인생에서 무엇을 즐기느냐는 '문화자본', 무엇을 할 수 있느냐는 '지식자본', 얼마나 가졌느냐는 '경제자본', 어떻게 입고 걷고 관리하느냐는 '신체자본', 어떻게 말하느냐는 '언어자본' 그리고 누구와 어울리느냐는 '사회자본'이 그것입니다.

7가지 자본 중에서 사람의 품격을 직접적으로 나타내는 것은 신체자본과 언어자본일 것입니다. 이를테면 '언(言)행(行)'입니다. 어떻게 말하느냐, 어떤 행동을 하고 어떤 옷차림을 하냐는 것 말입니다.

특히 언어자본은 품격의 실체라 해도 과언이 아닙니다. 실제로 우리가 어떤 사람을 봤을 때 그의 품격을 가늠하는 으뜸 요소는 언어입니다. 다른 자본이 얼마나 많든지 간에 언어의 선택이나 말투 등 말하는 품새가 그 사람의 품격을 평가하는 가장 큰 요소입니다. 그래서 메르틴은 "출신이 아니라 언어가 사람을 만든다"고 했습니다.

대화의 양보다 질이 중요해진 세상

요즘 세태를 상징하는 용어 중에 '토크 포비아(talk phobia)'가 있습니다. 대화를 나누는 것을 귀찮아하고 회피하며 나아가 두려움을 느낀다는 것입니다. 지하철 속 풍경만 봐도 그런 현상을 느낄 수 있습니다. 다들 말없이 스마트폰에 열중합니다. 대화 때문에 시끄러운 것보다는 낫지만 대화 실종의 단면을 보는 것 같습니다.

더구나 코로나 팬데믹이 대화 실종 현상을 가중했습니다. 사람을 만나는 것조차 신경 쓰이니 대화를 기피하는 것은 당연합니다. 사회적 거리두기는 대화의 거리두기와 같습니다. 코로나 사태가 일단락되어도 대화 기피는 여전한 현상으로 남을 것입니다.

이런 현상은 젊은 세대로 갈수록 더 심하지만 기성세대라고 해서 예외는 아닙니다. 이어폰으로 '귀틀막' 하고 마스크로 '입틀막' 하는 것이 일상화됐습니다. 타인과 대화를 나누는 것이 부자연스러워지고 신경 쓰이는 것을 넘어 공포를 느끼기에 이르렀습니다.

비대면의 전화 통화를 하는 것마저 부담스러워합니다. 이름하여 '콜 포비아(call phobia)'입니다. 토크 포비아가 낳은 또 하나의 병폐죠.

대면 대화든 전화통화든 왜 말을 섞는 데 두려움을 느낄까요? 신경 쓰는 게 싫어서입니다. 대화를 나누는 것이 귀찮을뿐더러 무엇을 어떻게 말할 것이냐도 스트레스입니다. 그렇지만 대화를 하지 않고 살수는 없습니다. 역설적으로 대화의 가치가 더 커졌습니다. 이제는 대화의 양이 아니라 질에 관심을 가져야 합니다. 적게 말할지언정 제대로 말해야 합니다. 즉 품격을 갖춰 상대의 마음을 얻을 수 있게 말해

오십, 말의 품격을 생각할 때

야 합니다.

어떻게 하면 대화를 나누면서 동시에 상대가 품격을 느끼게 말할 수 있을까요? 그 지혜를 나누고자 한 것이 이 책의 출발이었습니다.

오십이지천명(五十而知天命) — 세상의 이치를 깨달을 때

그런데 왜 하필이면 '오십'을 중심으로 삼았을까? 다른 세대는 대화를 할 때 품격이 없어도 된다는 의미가 아닙니다. 언필칭 '100세 시대'라는 관점에서 인생의 중반에 다다른 이쯤이면 누구나 우아하고 품격 있는 어른이고 싶을 것입니다. 그러니 우선 평생 생활화됐던 대화의 질과 품격을 돌아보자는 의미입니다. 그동안 무엇을 어떻게 말해왔는지 점검해볼 필요가 있습니다.

공자의 말 중에 나이와 관련하여 잘 알려진 것이 있습니다.

> **서른 살에 자신을 확립했으며 마흔 살에는 미혹되지 않았다. 쉰 살에는 천명이 무언지 알았으며, 예순이 되어서는 귀가 뚫려 한 번 들으면 그 이치를 알았고, 일흔이 되니 마음에 내키는 대로 하여도 법도에서 벗어나지 않는다.**
>
> 삼십이립, 사십이불혹, 오십이지천명, 육십이이순, 칠십이종심소욕, 불유구(三十而立, 四十而不惑, 五十而知天命, 六十而耳順, 七十而從心所欲, 不踰矩)

이는 공자 자신의 경험담인데 언제부턴가 나이에 따른 품격의 기준이 되었습니다. 그러니까 삼십이면 나름의 기준을 세워야 하고 사십이면 여기저기 휩쓸리지 말아야 하며, 특히 오십이면 하늘의 뜻, 세상의 이치를 알아야 한다는 말입니다.

그렇습니다. 오십 즈음이 됐으면 세상의 이치를 깨달아야 하는데 세상 이치의 하나로써 말의 이치, 대화의 이치 또한 중요한 요소가 된다고 믿습니다.

오십 이전까지는 청춘이나 젊음이라는 이름으로 말의 부족함을 커버할 수 있었다면 오십부터는 부실함이나 실수를 너그럽게 봐줄 수 있던 문턱을 넘는다는 의미도 됩니다. 즉 오십 즈음에는 품격 있는 화술의 소유자로 거듭나야 합니다. 자신의 말버릇을 확실히 자리매김하며 고칠 것은 고치고 더할 것은 더해야 합니다. 그래야 본격적으로 전개될 인생의 후반부를 남들로부터 존중받으며 내실 있게 살아갈 희망이 보입니다.

이 책은 오십 즈음의 품격 있는 화법에 중점을 두었으나, 대화의 기술을 익히는 데 나이가 무슨 소용이며 나이로 경계를 세울 일도 아님을 압니다. 그러니 삼십의 젊은 나이라도 세상의 이치를 깨닫고 싶거나, 육십을 넘어 은퇴한 노후의 연배라도 살아온 날을 되돌아보며 자신의 삶을 점검해보고 싶다면 도움이 되는 내용을 두루 충실히 담았습니다.

오십, 말의 품격을 생각할 때

유튜브 채널을 운영하며 얻은 교훈

유튜브 방송을 하면서 깨달은 바도 책을 쓰는 데 많은 도움이 됐습니다. 〈조관일TV〉 채널을 운영한 지 4년이 가까이 되었습니다. 자기계발을 콘텐츠로 하는 채널로 구독자가 20만 명이 넘습니다. 그러다 보니 이런저런 출판사로부터 자기네 책을 소개해달라는 부탁을 받곤 합니다. 때로는 지인이 책을 보내주기도 합니다. 그런데 막상 방송에서 다루려고 검토해보면 소개할 '거리'가 없는 책이 의외로 많음에 놀랍니다. 유튜브를 하기 전에는 미처 몰랐던 '실상'입니다.

나의 동영상 대부분은 5분 내외로 비교적 짧은데 5분 정도로 임팩트 있게 전할 내용이 없는 책이 수두룩하다는 것을 알게 됐습니다. 속된 표현으로 '앙꼬(일본어라 미안하지만 이것만큼 적절한 표현을 찾지 못했습니다)'가 없는 책이 많습니다. 시청자들에게 자신 있게 권할 책이 의외로 적습니다. 대화법에 관한 책도 예외가 아닙니다.

그렇다면 내가 앙꼬가 듬뿍 담긴 대화법에 관한 책을 써보기로 했습니다. 쓸데없는 이론이 아니라 실생활에서 적용하기 딱 좋은 내용으로 가득한 책을 써보고 싶었습니다. 화법에 대해서는 유튜브에서 이미 수십 회 다뤘고, 그중에는 100만 명이 넘는 조회 수를 기록한 것도 있어서 독자들이 무엇을 갈망하는지, 어떻게 해야 내용을 더 알차게 할 수 있는지 배울 수 있었습니다.

탈고를 하고 나니 애초의 의도에 충실했는지 두려움도 없지 않습니다. 그러나 오십 즈음에 한 번쯤은 자신의 대화법과 품격을 돌아보고 다듬어야 한다는 확신으로 이 책을 독자들께 내놓습니다. 대화법을 교정함으로써 삶의 새로운 계기가 펼쳐지기를 진심으로 기대합니다. 오십, 새롭게 다듬어진 품격 있는 대화의 기술로 주변 사람들에게서 호감을 사고 존중받으며, 인생 후반부가 더욱 알차고 격조 있게 펼쳐지기를 기대합니다.

2022년 여름
조관일

차례

3부 — . 입으로 망하지 않으려면

1부

"50

말의 품격에 대하여

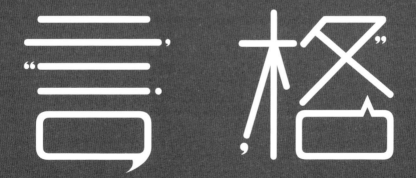

"입에서 나오는 것들은 마음에서 나오나니 이것이야말로 사람을 더럽게 하느니라."
　　　　　　　　　　　　　　　　　　　　　　—「마태복음」 15장 18절

품격이란 무엇인가?

말의 품격을 다시 생각하다

품격(Dignity, 品格)은 품성과 인격을 합친 단어로, 정신의 바탕과 타고 난 성품을 뜻합니다. 품격의 높고 낮음은 대개 말과 행동 그리고 겉 모습으로 드러납니다. 그중에서도 말은 품격을 드러내는 핵심 요소 입니다.

품(品)이라는 한자의 모습이 물건을 가지런히 쌓아놓은 듯한 형태 를 띠고 있는 데서 알 수 있듯, 품은 원래 물건을 뜻하는 글자입니다. 한편으로는 '입'을 의미하는 구(口) 자가 여러 개 있는 형상입니다. 세 사람의 입, 즉 여럿이 모여 이야기하는 모습 같지 않습니까? 그러니까 입을 잘 놀리는 것이 사람의 품위를 가늠하는 척도라고 해석할 수도 있습니다. 억지 풀이라고 할지 모르나 현실과 대비해보면 물건을 쌓아놓은 의미보다는 후자의 의미가 더 실감 납니다.

따라서 품격에는 품(品)의 격(格), 즉 그 사람이 어떻게 말을 하느냐에 따라 등급이 정해진다는 함의가 담겨 있습니다.

옛날에는 품격 있는 사람을 군자(君子)라고 했는데, 군자의 군(君)은 '다스릴 윤(尹)'과 '입 구(口)'가 결합된 글자입니다. 흥미로운 것은 '입 구(口)'가 '다스릴 윤(尹)' 밑에 있다는 것입니다. 즉 입을 잘 다스리는 사람이 군자라는 뜻이 되는데, 실제로 『논어』에서는 입을 다스리는 것을 군자의 최고 덕목으로 꼽았습니다.

오늘날 '군자' 운운할 것까지야 없겠지만 나이나 지위와 관계 없이 품격은 갖춰야 합니다. 특히 나이가 오십 즈음이면 품격을 생각해야 합니다. 말의 무게와 깊이가 어떠한지 돌아봐야 합니다. 어떤 생각으로 어떤 단어, 어떤 말투, 어떤 태도를 취해야 어른다운 대화를 할 수 있는지, 어떻게 말로써 인격과 품격을 높이는지 성찰할 때입니다.

나이에 따라 꼭 구분할 것은 아니지만, 40대까지는 설령 품격에 벗어나더라도 젊다는 구실로 커버할 수 있지만 나이 오십이 되면 품격에 신경을 쓰지 않을 수 없습니다. '40대'와 '50대'라는 숫자만 봐도 분위기가 다르지 않습니까.

그러잖아도 요즘 대화하는 모습을 보면 '악화가 양화를 구축한다'

는 그레셤의 법칙이 대화에까지 적용되고 있음을 실감합니다. 저급하고 품격 없는 언어를 사용하는 것이 마치 시대적 변화에 잘 적응하는 것처럼 인식되기도 합니다.

누가 어떤 상황에서 처음 만들었는지 알 수도 없는 줄임말이 신조어로 둔갑해 SNS를 통해 삽시간에 퍼지면, 그것을 '신세대 용어'라며 열심히 외우는 사람도 있는데 미안하지만 한심스럽다는 생각이 듭니다. 새로운 용어에 자연스럽게 익숙해지는 것이야 나쁠 게 없지만 기를 쓰고 배워서 뭐 하려고요?

신세대 용어를 많이 알면 꼰대를 벗어나 신세대가 됩니까? 그러면 신세대와 소통이 되고 품격을 인정받습니까? 오히려 구세대가 최첨단(?)의 신세대 용어를 구사하면 어울리지도 않고 천박해 보이기까지 합니다.

물론 그럴듯하고 실용적인 신조어도 당연히 있습니다. 배울 것은 배워야 합니다. 그러나 꼰대들이 알아차릴까봐 그러는지 젊은 세대는 기존의 용어를 배배 꼬아서 자기들만이 아는 용어로 계속 진화시킵니다. 도대체 빛의 속도로 변하는 용어의 변신을 언제까지 쫓아갈 것입니까?

중심을 잡아야 합니다. 그까짓 신조어 몰라도 전혀 문제가 없습니다. 나름의 주관을 갖고 신세대 용어를 익히려고 애쓰기보다 고사성어 한마디를 던져 그들이 배우게 하는 것이 품격을 지키는 게 아닐까

말의 품격에 대하여

요? 신세대는 구세대가 사용하는 품격 있는 용어를 모르는 경우가 얼마나 많은데요. 그들 앞에서 권위를 세우고 싶다면 한문으로 이뤄진 사자성어나 고사성어를 사용해보세요. 말문이 막히며 두 손 들 것입니다.

인기 래퍼 딘딘은 90년대생이니까 대표적인 MZ세대입니다. 그가 MBC 에브리원 퀴즈프로그램 〈대한 외국인〉에 출연한 것을 본 적이 있습니다. 우리나라에 살고 있는 외국인과 우리나라 사람 간에 퀴즈 대결을 하는 프로그램입니다. 재기발랄한 딘딘은 '뇌섹남'의 면모를 잘 보여줬습니다. 그런데 흥미로운 장면이 있었습니다. 고사성어를 맞히는 문제에서 사회자가 제공하는 여러 가지 힌트를 잘 조합하여 그가 재치 있게 정답 '가화만사성'을 맞췄습니다. 그런데 사회자가 "정답!"이라고 판정을 내리자 딘딘이 갑자기 어리둥절한 표정을 지으며 물었습니다.

"그런데 그게 무슨 뜻이죠?"

맙소사! 힌트를 조합하여 재치 만점으로 정답은 맞혔지만 정작 가화만사성의 뜻은 몰랐던 겁니다. 그 흔한 말을 처음 들어보다니. 시골 중국음식점의 벽에도 걸려 있고 웬만한 가정의 가훈으로도 자주 쓰이는 말이지만 그는 몰랐던 것입니다. 그렇다고 그게 이상한 건가요? 딘딘이 무식한 건가요? 아닙니다. 모르면 모르는 겁니다. 그 이상도 이

하도 아닙니다.

그러므로 구세대가 신세대 용어를 모르는 거나 젊은 신세대가 구세대의 일상용어를 모르는 거나 피장파장입니다. 각자 자기의 상황과 세상이 있는 것입니다. 그러니 중심을 잡으세요.

혼바비언(혼자 밥을 먹는 사람), 욥차(유명인과 무명인 차별), 아바라(아이스 바닐라 라테) 따위를 머리 싸매고 외우려 하기보다 오십에 어울리는 품격을 공부해야 합니다. 어른다운 언어를 갈고 닦아야 합니다. 그러지 않으면 '이생망', 즉 이번 생은 망하는 결과로 귀착될지도 모릅니다.

말의 품격에 대하여

대화의 품격

품격 있게 말한다는 것의 의미

품격 있게 말한다는 것은 무엇일까요? 누군가와 대화를 나눌 때 품격을 갖추는 것은 어떻게 하는 걸까요? 이 책의 내용이 바로 그런 방법에 관한 것이지만 우선 개괄적인 내용을 알아봅시다.

품격 있게 말한다고 하면 우리는 점잖게 말하는 걸 머리에 떠올립니다. 품을 잡고 말하는 고관대작을 생각할지도 모릅니다. 혹은 우아하게 말하는 귀부인을 생각할 수도 있습니다. 물론 그런 것들도 품격의 범주에 들기는 합니다. 그러나 품격 있게 말한다는 것은 한마디로 사람의 마음을 얻는 말을 하는 것입니다. 상대로부터 존중받고 호감을 얻으며 그럼으로써 사람을 얻는 대화법입니다.

그 방법은 많고 많습니다. 때로는 씩씩하게 젊은이답게 말하는 것이 품격이 될 수도 있고, 때로는 노련한 기성세대로서의 권위를 지키는 것이 품격이 될 수도 있습니다. 그렇게 본다면 오십의 품격이란 딱 그 중간쯤 될 것 같습니다. 때로는 활기찬 젊은이다움이, 때로는 노련한 점잖음이 잘 어우러질 때 품격으로 인정받을 수 있습니다. 어쨌거나 사람의 마음을 얻기 위해 무엇을 어떻게 말해야 할지 늘 조심하고 신경 써야 합니다.

2022년 1월, 제79회 미국 골든글러브 시상식에서 한국 배우 최초로 TV 부문 남우조연상을 받은 오영수 씨. 이름만 들어서는 얼른 떠오르지 않을지 모르겠지만 '오징어 게임의 깐부 할아버지'라고 하면 금세 알 것입니다.

〈오징어 게임〉의 열풍이 몰아치던 2021년 10월에 MBC 예능 〈놀면 뭐하니?〉에 그가 출연했습니다. 공교롭게도 그 프로그램의 전반부에 내가 잠깐 얼굴을 내밀게 되어 있어 관심을 집중하던 터입니다(내가 70대의 나이에 셔플댄스를 배운다고 댄스학원을 다녔는데 그게 잠시 TV에 소개됐습니다).

내가 출연한 부분은 싱거울 정도로 짧게 지나갔습니다. 내친김에 후반부도 보게 됐는데 바로 깐부 할아버지의 인터뷰가 있었습니다.

말의 품격에 대하여

MBC 〈뉴스데스크〉의 형태를 흉내 내어 방송인 유재석 씨와 걸그룹 러블리즈의 멤버 미주 씨가 앵커 역할을 맡고 오영수 씨가 초대 손님으로 참석했습니다.

그는 조금은 투박한, 마치 시골의 평범한 할아버지 같은 차림과 얼굴로 천천히 말을 하는 스타일이었습니다. 화려하고 유창한 언변의 소유자가 아닙니다. 드라마에서 보여줬던 그대로입니다. 드라마에 얽힌 흥미진진한 에피소드가 전해지고 마지막 즈음에 그가 이런 말을 한 것이 뇌리에 깊이 남았습니다.

"우리 사회가 1등이 아니면 안 될 것처럼 흘러갈 때가 있어요. 그런데 2등은 1등에게 졌지만 3등에게는 이겼잖아요. 그러니 모두가 승자예요. 제가 생각하는 진정한 승자는 하고 싶은 일에 최선을 다해서 경지에 이르려고 하는 사람이라고 생각합니다."

참 좋은 말씀이라 TV 앞에서 두 손을 조아리며 귀를 더욱 기울였습니다. 사회자가 끝으로 한말씀 해달라니까 이렇게 말을 이었습니다.

"나는 우리 말 중에 가장 좋아하는 말이 '아름다움'이라는 말입니다. 오늘 이 아름다운 공간에서 아름다운 두 분을 만나고 아름다운 시간을 보냈습니다. 여러분, 모두들 아름다운 삶을 사시기 바랍니다."

그것은 감동이었습니다. 앵커들이 눈물을 글썽일 정도로요. 그리고 내 옆에 앉아 함께 TV를 보던 아내도 눈물을 훔쳤고 잠시 후, 방송이 끝나자마자 나의 딸도 그 장면을 보고 눈물을 흘렸다고 전화로 알려왔습니다.

더듬더듬 천천히, 탁한 음성이지만 낮은 목소리로 전해지는 말씀을 들으면서 말이란 어때야 하는지를 깊이 깨달았습니다. 어른의 품격이 어떤지도 생생하게 배웠습니다. 그러고는 다른 장면과 비교해봤습니다. 만약 누군가 유창하고 낭랑한 목소리로, 그리고 매끄럽고 빠르게 그 말을 했다면 어떨까 상상하면서 말입니다. 아마도 감동이 훨씬 적었을 것입니다. 깔끔하고 세련됐겠지만 인상 깊지는 않았을 것입니다. 눈물은 고사하고 아무런 감흥이 없었을 것입니다. 말이란 그런 것입니다.

세상의 이치를 생각할 오십의 나이라면 일상의 언어가 어때야 하는지 한번 돌아볼 필요가 있습니다. 좀 더 성의 있는 사람이라면 깐부 할아버지의 그 방송을 동영상으로 찾아보기를 권합니다.

원래 말의 속도가 빠른 편인 나는 그때부터 일부러 말을 천천히 하려고 할 때가 있습니다. 말을 잘한다는 것은 낭랑한 목소리와 관계 있는 것도 아니며, 품격 있는 말이란 단순히 말을 천천히 낮은 목소리로 하는 것도 아닙니다. 오영수 씨의 화법에서 정말로 크게 배운 것은 삶의 지혜가 녹아 있는 이야기를 얼마나 진심을 갖고 하느냐였습니다. 그것이 내공이며 인품 아니겠습니까. 말의 품격은 곧 인품과 관계 있으며 인품은 곧 진정성이 아닐까요?

말의 품격에 대하여

냉정해야 할 앵커가 눈물을 보였다는 것은 그의 말이 얼마나 큰 울림을 갖고 있었는지를 보여줍니다. 그 장면을 TV로 본 사람까지 그랬다는 것은 그의 진정성과 말의 아름다움이 사람의 마음을 얻었다는 것을 의미합니다. 그에게서 마음을 얻는 화법이 무엇인지 한 수 배웠습니다.

오십, 이제 언격을 생각할 때

익숙한 것과 결별하라

요즘 세상에 품격을 말하면 고리타분하게 들릴 수 있습니다. TV를 보면 뉴스와 시사 프로그램을 제외한 거의 모든 프로그램이 삼류 개그나 코미디로 가득 찼다 해도 과언이 아닙니다. 오죽 그랬으면 진짜 개그, 진짜 코미디 프로가 맥을 못 추고 사라지겠습니까?

그뿐이 아닙니다. TV의 '먹방'이라는 것을 보면 어떻게 하면 상스럽게 먹는지를 경쟁하듯 하고, 예능 프로그램은 품격 없는 오버액션으로 억지 웃음을 이끌어내려고 애를 씁니다. 심지어 나라를 이끈다는 정치인들조차 막말을 하니, 품격이란 이제 '옛날 말 사전'에나 등

재될 단어가 될 지경입니다.

한편에서는 거금을 들여 '이미지 메이킹' 컨설팅을 받고, 옷을 잘 입고 화장을 멋지게 하는 법에 관한 유튜브가 큰 인기를 얻고 있는데 이상하게도 '말'은 거꾸로 가고 있는 것 같습니다. 요즘은 같은 말을 해도 어떻게 하면 가장 자극적으로 아프게 할 것인지 연구하면서 말을 뱉는 것 같습니다. 단적인 것이 욕설문화입니다(이것도 문화라고 할 수 있는지 모르겠습니다만). 이건 어린 학생에서부터 어른에 이르기까지 널리 일반화됐습니다.

한 설문조사에 의하면 서울·수도권 지역 중학교 남학생의 99%, 여학생의 95%가 욕을 한다고 답했습니다. 이 정도 수치면 욕을 하지 않는 학생이 비정상입니다. 학년이 올라가 고등학생이 되면 역전이 일어나서 남학생(93%)보다 여학생(97%)이 욕설을 더 한답니다. 남녀평등, 아니 여성상위는 욕설에서도 실현되는 것 같습니다.

흥미로운 사실은, 우리는 욕설을 하는 아이들이 상대적으로 조금 더 불량할 것으로 생각하기 쉬운데 실제는 전혀 딴판이라는 점입니다. 조사결과를 보면 전교에서 1등을 하는 학생이나 꼴찌를 하는 학생이나 욕을 하는 데서는 우열을 가릴 수 없었습니다. 이거 확실한 '평준화'입니다.

이는 우리만의 일이 아닙니다. 세계적인 현상입니다. '동핀란드 대학(University of Eastern Finland, UEF)'의 대학생 노라 코포넨(Noora

Koponen)이 석사논문을 준비하며 설문조사를 한 바에 따르면, 일반적으로 10대들의 구어체에 욕설이 뒤섞여 있으며, 응답자들은 자신이 주변에서 듣는 '모든 단어'가 욕설이라고 말했습니다.

왜 세상이 이렇게 됐을까요? 코포넨은 욕설이 대화의 대세가 된 것은 인터넷과 소셜미디어 사용, 게임 속 채팅이나 유튜브의 사용이 늘어난 반면, 가정과 학교에서 예의와 공손을 가르치는 것이 줄어들었기 때문이라고 말했습니다.[1] 이런 분석은 핀란드뿐 아니라 우리도 마찬가지일 것입니다.

이렇게 청소년 시절부터 욕설이 습관화되고 잘 훈련된(?) 사람이 성인이 되면 갑자기 점잖아지고 품격 있는 말을 하게 될까요? 그럴 리가 없습니다. 이런 청소년들이 성인이 되면 어떤 일이 벌어질지는 '안 봐도 비디오'입니다.

막말과 험한 말, 욕설이 난무하며 일상화된 시대에 언어의 품격을 강조하면 시대와 동떨어진 이야기로 들릴지 모릅니다. 그러나 이런 시대이기에 언어의 품격, 대화의 격이 더 소중하게 다가옵니다. 말에 품격이 있으면 그야말로 군계일학이 되겠죠.

말의 품격을 '언격(言格)'이라고 합니다. 그런데 '언'의 한자를 다른

---

1. https://blog.naver.com/europestudy/221868329391 한국-핀란드 교육연구센터 블로그

것으로 바꾸면 여러 가지 의미 있는 변화를 가져옵니다. 속되고 사납고 상스럽게 말하는 것은 언(諺, 사나울 언)격이요, 거칠고 예의 바르지 않으면 언(唁, 예의바르지 않을 언)격이 됩니다. 반면에 선비다운 기품과 신중함을 갖추면 언(彦, 선비 언)격이 되고요. 같은 말(언)의 격(格)이라도 이렇게 차이가 납니다.

말의 품격, 언격은 곧 인격입니다. 그러니 어떻게 말하느냐에 따라 고스란히 인격이 드러납니다. 이제 오십쯤 됐으면 품격을 생각해볼 때가 됐습니다. 세상이 막말로 혼탁해지긴 했지만 그럴수록 언격의 가치를 성찰하며 '익숙한 것과의 결별'을 시도해야 합니다.

공자는 일찍이 한마디 말을 하기 전에 세 번을 생각하라며 '삼사일언(三思一言)'을 강조했습니다. 좀 더 신중한 말, 책임 질 수 있는 말을 하기 위해 세 번쯤 깊이 생각을 다듬으라고 했는데, 그 세 번 중에 한 번 정도는 '나의 언격은 어떤지', '말의 품격은 괜찮은지'에 할애하는 것은 어떨까요?

품격이란 형식만이 아니다

무엇을 말하는가도 중요하다

대화의 품격을 높이려면 '어떻게 말하느냐'도 중요하지만 '무엇을 말하느냐'도 중요합니다. 그런데 요즘 우리네 대화 풍토를 보면 무엇과 어떻게 모두에 있어서 천박하기 이를 데 없는 것 같습니다. 청소년들의 욕설은 그렇다 치고 TV 예능 프로그램을 보면 그 실상이 적나라하게 드러납니다. 자연스럽고 솔직하게 표현하는 것은 좋지만 남녀노소 수많은 시청자가 보는 TV라면 좀 정제된 표현이 나와야 하지 않겠습니까.

'본 방송은 방송심의규정을 준수합니다'라는 자막이 종종 화면에

뜨지만 규정에 어긋나냐 아니냐의 문제가 아닙니다. 기성세대들은 이해하기 힘든 '줄임말'이 버젓이 자막으로까지 등장하는가 하면, 젊은 연예인들의 고운 입에서 '똥', '똥 싼다'라는 수준의 표현들이 거침없이 튀어나옵니다. "그럼 똥 싸는 걸 똥 싼다고 하지 뭐라 그러냐?"라고 항변하지 마세요. 그만큼 우리의 언어 사용이 천박해졌다는 이야기입니다.

용어의 사용만 그런 게 아닙니다. 대화의 소재도 천박하기는 마찬가지입니다. 얼마 전 40대의 젊은 직장인들과 대화를 나눌 때입니다. 대화의 품격에 대하여 책을 쓰고 있다고 말했더니 그들이 매우 요긴한(?) 정보를 줬습니다. 남성 직장인 M이 말했습니다.

"요즘엔 대화를 할 때 화젯거리가 예전과 많이 달라졌습니다. 얼마 전까지만 해도 자기계발이니 뭐니 조금은 미래 지향적인 면이 있었는데 지금은 매우 적나라해졌습니다. 친하지도 않은 사이인데도 다짜고짜 '집이 자가냐 전세냐?'를 물어보고, 어느 동네에 사냐고 묻는 게 일반화됐습니다."

그러자 여성인 L이 맞장구를 칩니다. 정말 그렇다는 것이죠. 그러면서 구체적인 사례를 들려줬습니다.

"팀장과 팀원 몇이 커피타임을 가졌는데 팀장이 묻더라고요. 강남이냐 강북이냐고요. 그리고 자기 집이냐 전세냐고요."

서울의 아파트 가격이 급등하면서 생긴 현상 아닌가 물어봤더니 꼭 그런 것만은 아니라고 했습니다. 자기네 팀장만 그런 게 아니라 요즘은 그런 식으로 직격탄을 날리는 경우가 많다고 했습니다. 40대 직원의 팀장 정도라면 대충 어느 정도의 나이인지 예측할 수 있습니다. 이쯤 되면 품격이고 뭐고 없는 것입니다. 좋게 말하면 솔직담백한 것이고 나쁘게 말하면 개념이 없는 일입니다.

그런 이야기를 들으면서 생각난 게 있습니다. 미국의 여론조사기관 퓨 리서치센터가 세계 선진국 17개 나라의 성인들에게 설문조사를 한 결과 말입니다(2021년 2월 1일부터 5월 26일까지 설문). '삶을 의미 있게 만드는 게 무엇이냐?'는 질문에 건강, 직업, 종교, 가족, 물질적 풍요, 친구, 자유 등 여러 가지 답변 중 '가족'이라는 답변이 1순위를 차지했는데 17개국 중 14개국이었습니다. 반면에 '물질적 풍요'를 가장 중요하게 여긴다는 응답이 1순위로 나타난 나라는 우리 대한민국입니다. 바로 그런 가치 기준이 대화에도 그대로 투영된 것이 아닌가 싶습니다.

그러잖아도 우리와 선진국의 중산층 기준이 다르다는 자료를 본 기억이 있습니다. 중산층에 대한 기준은 나라마다 다르지만 2015년 한 증권회사에서 직장인을 대상으로 설문한 결과에 따르면, 한국 중산층의 기준은 부채가 없는 30평 이상의 아파트에 살고 월급은 500만 원

이상 되어야 합니다. 또한 자동차는 중형차를 타고 통장 잔고를 1억 원 이상 보유하고 있으며 1년에 한 번 이상 해외여행을 갈 정도가 되어야 합니다.

그럼 외국은 어떨까요? 유럽 선진국의 기준은 어떠할까요? 프랑스의 퐁피두 전 대통령이 정의한 프랑스 중산층의 기준은, 외국어를 하나 이상 말할 수 있어야 하고 직접 즐기는 스포츠가 있어야 합니다. 또한 악기 하나는 다루고 남들과 다른 맛을 내는 요리를 만들 수 있으며 약자를 돕고 봉사활동을 꾸준히 하는 수준이어야 합니다.

영국은 어떨까요? 영국 옥스퍼드대학에서 제시했다는 영국 중산층의 기준은, 경기에서 페어플레이를 하고 자신의 주장과 신념을 가져야 합니다. 또한 독선적으로 행동하지 않고, 약자를 두둔하고 강자에 대응하며, 불의에 의연히 대처해야 합니다.

어떻습니까? 우리는 거의 물질적인 것에 치우친 반면 선진국의 사람들은 명확히 다르지 않습니까? 물론 이렇게 단순히 비교하여 평가하기는 어렵겠지만 적어도 삶에서 무엇을 가치의 우선순위로 두는지는 명확합니다. 선진국 사람들이 중산층의 기준으로 내세우는 조건들에 생소함을 느낀다면 우리의 수준을 알 수 있는 것입니다. 더구나 세상이 급변하면서 우리의 대화 소재가 더욱 물질적인 것, 더 좁혀서 말한다면 '아파트'로 수렴한다는 게 슬프기까지 합니다.

당신은 친구들과 모였을 때 무엇을 화제로 삼습니까? 혹시 오십 줄에 들어선 저 팀장처럼 사는 동네를 따지고 자기 집이냐 전세냐를 묻지는 않겠죠? 욕설을 하고 '똥'을 입에 올리는 것만이 천박한 게 아닙니다. 무엇을 가치 있게 생각하며 화제로 삼는지도 매우 중요합니다. 이 기회에 자신의 대화 소재는 무엇이었는지 점검해보는 것도 의미 있을 것입니다.

대립이 아닌 대화를 하자

그냥 싸우기만 하는 사람들

"우리가 얼마나 대화를 못 해요? 그냥 싸우기만 하잖아요. 그 이슈에 대해 생각해본 적이 없는 거예요. (중략) 어떤 이슈가 생기면 그에 대해 생각하는 게 아니라 다른 사람 의견이나 진영논리에 편승하는 게 전부예요."

『심연』의 작가이며 종교학자인 배철현 교수가 인터뷰에서 한 말입니다.[2]

---

2. 인터파크도서 북DB, 북&인터뷰, 2016. 8. 10

듣고 보니 그렇습니다. 우리의 대화 풍경이 선명히 그려집니다. 요즘은 부모와 자식 간에도 대화가 잘 안 됩니다. 친구 사이도 마찬가지입니다. 대화를 하는 게 아니라 서로 자기주장을 펴기에 바쁩니다. 정치 냄새가 나는 이야기일 때는 더욱 심합니다. 대화가 아니라 게거품을 물며 악다구니를 씁니다. 상식적 논리가 아니라 진영 논리에 올라타 억지를 부립니다. 결국 목소리가 커지고 자칫하면 싸움이 됩니다. 그래서 머쓱하게 마무리되거나 심하면 등을 돌려 인간관계에 파국을 맞습니다.

직장에서도 사정은 비슷합니다. 상사와 부하가 '대화를 하자'며 자리를 함께해도 의견을 '주거니 받거니'하는 게 아니라 일방적 지시나 강압적 명령으로 일관하는 게 대부분입니다. 부하 역시 마찬가지입니다. 좋든 싫든 상사의 이야기에 귀 기울이는 척은 하지만 입 안에서는 "이제 그만해!", "역시 꼰대!"라고 중얼거리기 십상입니다. 이건 대화가 아니라 대립이요 단절입니다. 그러니 대화를 하면 할수록 통하지 못하고 막힙니다. 벽이 두꺼워지고 높아집니다. 직장에서 '소통'을 그렇게 부르짖고 관련 교육이 많다는 것은 역설적으로 대화가 안 되고 있음을 방증합니다.

왜 대화가 제대로 안 될까요? 왜 대화에 미숙할까요? 대화를 제대로 배운 적이 없기 때문입니다. 아니 배우기는 했는데 대화를 배운 게 아니라 대결을 배웠는지도 모릅니다. 태어나 성장하면서 대화를 배우는 게 아니라 자기의 의견을 '말하는 훈련'을 받습니다. 타인과 얼마나 잘 통할 것인지를 배우기보다, 어떻게 자기주장을 잘 펼 것인가를 배웁니다.

말로 남에게 지지 않는, 이기는 사람이 되기 위해 말을 배웁니다. 열정적인 부모를 만나면 어린 나이에 웅변학원까지 다니게 됩니다. 세상살이에서 뭘 그렇게 '웅변'할 일이 많다고 생각하는지 모를 일이죠.

인간은 본능적으로 대화보다는 자기주장을 강하게 피력하는 경향이 있습니다. 남의 이야기를 듣기보다는 자기가 의견을 상대에게 주입하려고 애씁니다.

'대화지능'이라는 독특한 개념을 주창한 미국의 세계적인 커뮤니케이션 전문가 주디스 E. 글레이저는 사람들은 '자기가 옳다'는 중독에 빠져 있어서 대화를 하면서도 이기려고 하고, 그러기에 자기의 생각을 상대에게 납득시키기 위해 무리수를 두게 된다고 했습니다. 그렇게 되면 편도체라는 원초적 두뇌가 작동하여 뇌가 닫혀버리고 소통은 불가능해진다는 것입니다. 더욱이 대화의 상대가 지위가 더 높으면 '말하기(tell)-설득하기(sell)-고함치기(yell)' 신드롬에 빠지게 됩니다.[3]

이런 걸 보면 우리나 외국이나 모두 같은 것 같지만 우리가 좀 더 편향적이고 심한 것 같습니다. 어쩌면 화끈한 성격의 다혈질 민족이

3. 주디스 E. 글레이저,《대화지능》, 김현수 옮김, 청림출판 , 2014

라 그런지도 모르겠습니다. 아니면 어렸을 때의 가정교육부터 원인을 따질 수 있고 정치 현실 때문이라고 이유를 댈 수도 있겠습니다.

대화는 '관계'의 기본입니다. 원활한 인간관계는 원활한 대화로부터 시작됩니다. 인간(人間)이라는 단어의 한자를 보세요. 인간은 사람과 사람의 사이에 존재하는 관계의 동물입니다. 그럼으로 대화를 제대로 못 한다는 것은 관계 맺기를 제대로 못 한다는 것이요, 사람으로서의 기본이 안 되어 있다는 의미가 됩니다.

직장생활이든 가정생활이든, 세상살이를 제대로 영위하려면 가장 먼저 '대화'를 배워야 합니다. 어렸을 때부터 말하기를 가르치는 것 이상으로 듣기를 가르쳐야 하며, 웅변을 가르치기보다 사람을 잘 대하도록 가르쳐야 합니다. 이건 성인이 돼서도 마찬가지입니다.

소통이란 대화 능력입니다. '품격 있게 통하는 말하기'입니다. 그것이 대화다운 대화, 제대로 된 대화를 하는 것입니다. 여러분의 대화는 어떤지 진지하게 점검해보세요. 오십의 나이가 됐는데 아직도 대화보다 대결에 익숙하다면, 그리고 내편 네편에 따라 핏대를 올릴 정도라면 대화법을 넘어 세상을 잘못 살았다고 해도 과언이 아닙니다. '대화도 제대로 못 하면서 무엇을 제대로 할 수 있을까?'라고 스스로에게 물어볼 때입니다.

티격태격하지 말고 티키타카하기

대화는 시합이 아니라 놀이다

대화와 관련된 우리 속담 중 대표적인 것이 '오는 말이 고와야 가는 말이 곱다'일 것입니다. 거꾸로 말하면 가는 말이 나쁘면 오는 말이 나쁠 수밖에 없다는 경고도 됩니다. 대화란 그렇게 상대적입니다.

이 속담을 말하면 늘 떠오르는 것이 있습니다. 성경의 황금률(The Golden Rule)입니다. 성경의 말씀이 구구절절 옳은 것이지만 얼마나 소중했으면 황금률이라 했겠습니까. 용어는 매우 화려하고 중하게 느껴지는데 내용은 지극히 평범합니다. '남에게 대접을 받고자 하는 대로 너희도 남을 대접하라'입니다. 바로 「마태복음」 제7장 12절과 「누가복음」 6장 31절 등에 나오는 구절입니다. 영어로 간단히 표현한다면 '기브 앤드 테이크(Give & Take)'가 되겠습니다.

그런데 조금 깊이 들여다보면 우리의 속담이든 황금률이든 단순히 '대접받기'의 기준을 넘어 대화나 인간관계 전체를 관통하는 좋은 기준이기도 합니다.

여기서 잠깐, 우리의 속담과 황금률 사이에 미묘한 차이가 있습니다. 우리는 '오는 말이 고와야 가는 말이 곱다'니까 테이크 앤드 기브가 됩니다. 황금률과 반대입니다. 굳이 따지자면 기브 앤드 테이크가 더 낫다고 봅니다. 우리식 표현으로 한다면 '가는 말이 고와야 오는 말이 곱다'로 뒤집는 것이지요. 상대가 좋은 말을 해주면 나도 좋은 말을 해주겠다는 것이 우리 속담이라면, 황금률은 내가 먼저 좋게 말해야 상대가 좋게 말한다는 의미가 됩니다. 상대의 반응에 따라 나의 말을 달리하는 게 아니라 우선 내가 먼저 상대에게 선의의 말을 하는 게 좋은 대화법임은 말할 것도 없습니다.

요즘 '티키타카'라는 말을 자주 접합니다. 같은 이름의 TV 프로그램 때문에 더욱 그렇게 됐습니다. 원래 티키타카(tiqui-taca)는 스페인어로 탁구공이 왔다 갔다 하는 모습을 뜻하는 말인데, 짧은 패스를 빠르게 주고받는 축구 경기의 전술을 말하기도 합니다. 최근에는 사람들 사이에 '케미(화학반응)'가 잘 맞아서 빠르게 주거니 받거니 대화를 하는 것을 티키타카 또는 티키타카 대화라고 합니다.

티키타카의 어원이 된 탁구 경기를 생생하게 상상해봅시다. 작은 공을 주거니 받거니 하는 것이 탁구인데 공을 상대에게 넘길 때 강하게 스매싱하면 상대도 본능적으로 강하게 되받아칩니다. 그게 바로 초보요, 아마추어입니다.

노련한 프로가 탁구 게임을 하는 모습은 다릅니다. 상대가 강하게 공격해도 강약을 조절할 줄 압니다. 오히려 부드럽게 받아넘깁니다. 그래야 랠리를 이어갈 수 있습니다. 상대가 스매싱을 했다고 이쪽에서도 그렇게 하다 보면 곧 게임은 끝날 것입니다. 어느 쪽이든 실수를 하게 됩니다.

탁구의 티키타카에서 대화의 교훈을 얻을 수 있습니다. 무엇보다도 혼자서 말을 독점할 수 없다는 교훈입니다. 탁구에서 혼자 공을 갖고 있을 수는 없듯이 말입니다. 그러니 티키타카, 즉 주거니 받거니 해야 한다는 교훈입니다.

또 하나는 대화가 끊기지 않고 계속 이어지려면 강한 스매싱보다는 부드럽게 주고받아야 한다는 것입니다. 그래야 대화의 분위기도 좋아지고 대화를 나누는 시간도 길어집니다. 탁구에서 강하게 공격한 사람은 제풀에 꺾이거나 실수를 하는 수가 많습니다. 그래서 게임이 짧은 시간에 끝나버립니다.

대화를 할 때 자칫하면 티키타가가 아니라 티격태격이 될 수 있습니다. 상대의 말이 조금 공격적이라고 해서 발끈하여 공격적으로 나가면 티격태격이 되고 결국은 감정만 상하게 됩니다. 당연히 대화는 실패로 끝납니다.

대화를 할 때마다 두 가지를 머릿속에 떠올렸으면 합니다. 하나는 황금률이고 하나는 티카타카입니다. 그러면 대화가 대립하지 않고 서로 치켜주는 '승-승'의 결과를 가져옵니다. 대화는 대립하여 승패를 가리는 게임이 아니라 함께 승리하는 놀이입니다. 한쪽이 이기고 한쪽이 지는 게임, 시합이 아니라 함께 즐기는 말의 게임, 놀이여야 합니다.

말의 품격에 대하여

품격이란 이런 것

트럼프와 매케인 그리고 황희정승

한국의 정치판을 떠올리면 무엇부터 생각납니까? 사람마다 다를 겁니다. 이권 개입의 부정부패를 떠올리기도 하고 후안무치의 뻔뻔한 어느 정치인이 생각날 수도 있습니다. 물론 훌륭한 인품의 국회의원을 떠올리는 사람도 있겠지만 그보다는 막말과 '무대뽀'의 저질 국회의원을 떠올리는 경우가 많을 것입니다.

　여당과 야당이 아니라 아군과 적군의 대립 같습니다. 그러니 살기등등한 막말이 대포를 쏘듯 오고 갑니다. 어떻게 하면 가장 아픈 말로 상대를 '녹다운'시킬지 연구하는 것 같습니다. 품격이라곤 없어진 지

오래입니다. 문제는 이런 현상이 세월이 갈수록 더 심해지고 있다는 점입니다.

사회 지도층이라는 정치인의 막말은 우리나라만의 문제는 아닙니다. 서양도 마찬가지입니다. 대표선수를 꼽으라면 아마도 트럼프 미국 전 대통령이 첫손가락에 꼽힐 겁니다. 교황과도 맞장(?)을 떴던 트럼프는 월남전의 영웅 존 매케인 상원의원에게까지 독설을 퍼부었습니다.

"포로로 잡혔다고 해서 전쟁영웅이라고? 난 포로로 잡히지 않은 사람을 좋아한다."

요란한 제스처 그리고 전혀 막힘없이 뱉어내는 막말. 심지어 TV 토론회의 여성 진행자가 마음에 들지 않자 여성의 '월경(月經)'에 빗대어 막말을 했을 정도니, 그야말로 넘어서는 안 될 선을 수시로 '월경(越境)'하기 일쑤였습니다.

이렇게 언어의 품격이 무너지는 세상에서 품격 운운하면 '귀신 씻나락 까먹는 소리(아차, 이것도 막말인가요?)'가 될지 모르나 발상을 바꾸면 세상이 그러하기에 언어의 품격이 더 그립고 가치가 큰 게 아닐까요. 누가 뭐라던, 막말을 하거나 말거나 우리는 신념을 갖고 품격 있게 말해야 하지 않을까요.

트럼프가 그토록 조롱했던 매케인 상원의원은 품격의 정치인이었습니다. 얼마 전 세상을 떠났지만 그는 미국인에게 품격이라는 유산을 남긴 정치인으로 기억되고 있습니다. 1967년 해군 비행사로 베트남전에서 격추당해 호수에 추락한 그는 월맹군의 포로가 되었습니다. 월맹군은 매케인의 아버지가 태평양함대 사령관인 것을 알고 협상을 하기 위해 석방을 제안했지만 그는 "다른 포로보다 먼저 나갈 수 없다"며 이를 거부하고 동료들과 5년을 수용소에서 함께한 '노블레스 오블리주'의 상징입니다.

매케인은 온갖 막말과 비방이 오고 가는 선거전에서조차 품위를 지켰습니다. 2008년 대통령 선거에서 오바마 민주당 후보와 맞붙었던 매케인은 한 지지자가 "오바마가 아랍 출신이라고 들었다. 그가 대통령이 될까 두렵다"라고 비난하자 정색을 하고 오바마를 두둔했습니다. "아니요, 그렇지 않습니다. 그는 품위 있고 가정적인 사람이자 (미국) 시민입니다. 단지 저는 어쩌다 보니 그와 근본적 이슈들에 있어 의견이 다를 뿐입니다. 또 그게 바로 이번 선거운동의 핵심입니다."

대통령이 되고 안 되고의 문제가 아닙니다. 그게 뭐 대수입니까? 품격 있게 산다는 것은 인생의 완성도가 그만큼 높다는 것입니다. 삶이 훨씬 고결함을 뜻합니다. 그리고 그것은 다름 아닌 언어의 품격에서 시작됩니다. 그 사람이 쓰는 말이 곧 삶이니까요. 독일의 철학자 마르틴 하이데거의 말처럼 '언어는 존재의 집'이니까요.

미국에 매케인이 있다면 우리에겐 누가 있을까요? 현존하는 인물을 소개하면 시빗거리가 될 소지가 충분하기에(유튜브에서 몇 번 다뤄봤는데 호불호에 따라 악플이 달리고 난리였습니다) 아예 조선시대로 거슬러 올라가겠습니다.

품격의 화법을 생각할 때마다 조선왕조 최장수 영의정이었던 황희정승이 떠오릅니다. 조선조 개국 초기의 험난한 시대에 여러 왕에 걸쳐 고관의 자리를 지켰고 세종 때는 18년 동안이나 영의정으로 일했으니 그의 인품과 능력을 알 수 있습니다. 그는 '성품이 너그럽고 어질며 침착하고 사려 깊었다'고 하는데 그것을 인정할 만한 유명한 일화가 있습니다.

어느 날, 그의 집에서 부리는 여자 종들이 다투었습니다. 서로 옳다고 우기다가 그중 한 사람이 황희정승에게 자기가 옳다는 이야기를 늘어놓았습니다. 종의 이야기를 다 듣고 난 황희정승은 "그래, 그래, 네 말이 옳다"라고 말했습니다. 그러자 다른 종도 황희정승에게 자기가 옳다고 주장했습니다. 이야기를 다 듣고 난 황희정승은 역시 "그래, 그래, 네 말이 옳다"라고 말했습니다.

그러자 옆에서 지켜보던 부인이 "대감, 옳은 것은 옳다 말씀하시고 잘못된 것은 그래서는 안 된다고 이치를 따져서 말씀하셔야지, 이놈도 옳다 저놈도 옳다고 하시면 어쩝니까?"라고 못마땅해하자 "부인의 말도 옳은 말이오"라고 대답했다는 것입니다. 이쯤 되면 인간관계의 덕목으로 흔히 언급되는 'I'm OK, You're OK(나도 옳고 너도 옳다)'의 차원을 넘는 'All is OK(모두가 옳다)'의 경지입니다.

그것이 무슨 품격이냐고 되물을 사람도 있을 겁니다. 그러나 생각해보세요. 정승쯤 되는 사람이 보잘것없는 하인들의 다툼에 뭐라고 끼어들겠습니까? 그렇다고 "이놈들아, 왜 싸우고 난리냐? 시끄럽다, 썩 물렀거라"라고 말한다면 품격 있는 어른은 아니죠.

나설 때와 아닐 때를 잘 구분하는 것이 바로 품격입니다. 그렇다고 그가 '이래도 흥 저래도 흥' 하는 무골호인이라고 보면 사람 잘못 본 겁니다. 그는 누구보다도 소신 있는 인품의 소유자였습니다. 존경할 만한 인품으로 존경할 만한 인간관계를 유지하려면 무골호인의 줏대 없는 처세로는 안 됩니다.

양녕대군을 폐세자하고 충녕대군을 세자로 책립할 때, 황 정승은 폐세자가 부당하다고 주장했습니다. 당시의 임금이 누구입니까? 왕위 계승문제로 피를 보았던 태종입니다. 그럼에도 그는 "폐장입유(廢長立幼, 장자를 폐하고 아랫사람을 세움)는 재앙을 부르게 되는 근본이옵고…"라며 충직하게 말합니다. 그로 인해 귀양살이를 떠나게 될 줄을 알면서도 할 말을 하고 그 길을 택했습니다(나중에 복권됐지만).

보잘것없는 하인들의 다툼에는 'I'm OK, You're OK, All is OK'의 넉넉함을 보이는 황희정승이지만 옳고 그름을 따져야 할 일에는 목숨을 걸고 소신을 굽히지 않았기에 그의 언행과 품격이 돋보이는 것입니다. 품격이란 것이 무엇인지 다시 한번 돌아보는 계기가 되기를 바랍니다.

화술의 핵심은 '심술'

삐딱하면 삐딱한 대화가 된다

대화를 잘한다는 게 뭘까요? 일단은 자기의 의사를 잘 전달하고 상대의 의사를 잘 전달받는 것입니다. 같은 말을 하고도 상대에게 좋은 인상을 주며 호감을 사는 것입니다. 결국 사람의 마음을 얻을 수 있는 말을 하는 것이 대화를 잘하는 것입니다.

그것을 위해 수많은 요령이 소개됩니다. 수백 가지, 아니 그보다 훨씬 많습니다. 책도 엄청 많습니다. 교보문고에서 '대화법'을 검색했더니 1만 1천 건이 넘는 숫자가 나왔습니다. 그 많은 대화에 관한 책 그리고 그들 책에 담긴 대화의 요령 중에서 당신의 기억에 있는 요령은 몇 가지나 됩니까? 또한 기억하고 있는 방법 중에서 대화할 때마다 실천하고 있는 요령은 또 얼마나 될지 잠시 생각해봅시다.

대부분의 사람은 하던 대로, 습관대로, 별생각 없이 대화합니다. 책에 쓰여 있는 대화의 기법을 기억해내며 대화를 하는 사람은 거의 없습니다. 자기관리가 철저한 사람이 아니고는 그냥 자연스럽게 말입니다. 그것이 대화의 현실입니다. 그런 당신에게 대화할 때마다 기억해낼 요령 딱 하나만 추천하라면 나는 서슴없이 이것을 권합니다.

'화술(話術)보다 심술(心術)'.

이 '어록'은 오래전에 내가 처음 사용했던 표현으로, 대화든 연설이든 말하는 테크닉의 '제1조'로 강조하는 것입니다(나의 화술 관련 책 여러 곳에서도 강조했습니다). 즉 말을 잘하려면 기술과 요령을 발휘하기 전에 '마음보'부터 바르게 가지라는 의미입니다. 이것 하나가 수십, 수백 가지의 화법에 바탕을 이뤄야 좋은 말을 할 수 있다고 확신합니다.

원래 심술의 사전적 의미는 짓궂게 남을 괴롭히거나 남이 잘되는 것을 시기하는 못된 마음, 온당하지 않게 고집을 부리는 마음입니다. 그러나 나는 말하는 기술, 즉 화술과 관련해 심술을 두 가지 의미로 활용하라고 권합니다.

첫째는 말을 할 때 사전적 의미 그대로의 '못된 마음', 즉 '심술을 부리지 말라'는 부정적인 의미입니다. 둘째는 화술이 '말하는 기술'이라면 심술은 '마음의 기술'이라 해석하여 화술을 발휘하기 전에 마음 씀씀이, 마음가짐부터 선하게 가져야 한다는 긍정의 의미입니다. 화술의 대칭어로 그렇게 의미를 부여한 것이니 원래의 뜻을 따지지 말고 그대로 받아들여 마음에 담으면 큰 도움이 될 것입니다.

'화술보다 심술'을 강조하는 것은 말이란 마음의 표현이기 때문입니다. 자고로 언위심성(言爲心聲)이라고 했습니다. 말은 마음의 소리요, 울림입니다. 그러니 아무리 교묘하게 말의 기술을 발휘해도 정말로 심술을 부리려 하거나 악한 마음을 가지고 말한다면 결코 좋은 말이 나오지 않습니다. 소리는 번지르르할지언정 그것에서 느끼는 감정이 좋을 리가 없습니다. 그러니 대화에 성공할 수 없습니다.

예컨대 선배나 상사와 대화를 나눌 때 마음 한편에 "에이, 꼰대!"라는 부정적 심술이 작동하고 있다면 그것이 알게 모르게 대화에 묻어 나오게 되고 묘하게도 그것이 상대에게 전달됩니다. 뭐라고 콕 찍어서 표현하지는 못하지만 말입니다. 마음보가 좋지 않고 생각이 삐딱하면 설령 상대를 칭찬하더라도 어딘가 '가시'가 있음을 상대가 알아차립니다. 글로 써놓으면 똑같은 말이라도 미묘한 말투의 차이에서 그것을 감지합니다. 유머를 구사해도 마찬가지입니다. 좋은 유머가 나오지 못하고 상대의 마음에 상처를 남깁니다.

나이 오십쯤 됐으면 못된 마음으로써의 심술을 버릴 때가 됐습니다. 아직도 세상과 사람을 삐딱한 시선으로 보고 대한다면 그건 미숙한 것이고 아직도 철이 들지 않은 것입니다. 애송이일 뿐이지요.

이제 삐딱한 심술을 버리고 두 번째 의미(긍정적 의미)의 심술, 마음의 기술을 발휘해야 합니다. 상대를 긍정의 눈으로 선하게 바라볼 수 있어야 합니다. 그러면 부지불식간에 좋은 말, 좋은 표현이 나오게 됩니다. 말이란 '아' 다르고 '어' 다르다고 하지요. 그 미묘한 차이를 만들어내는 것이 바로 말하는 사람의 마음가짐입니다.

호의와 선의를 가진 마음, 상대를 도와주려는 마음, 상대를 이해하려는 마음, 상대를 감싸는 마음, 긍정의 마음을 갖고 대화에 임하면 자연스럽게 서로 소통하게 되고 공감하게 됩니다. 그럼으로써 즐겁고 생산적인 대화가 될 수 있습니다. 심술, 이것이 대화를 할 때마다 반드시 되새김질할 화술의 핵심입니다.

혹시 삐딱한 사람 아니세요?

탈무드에는 실려 있는 혀(舌)에 관한 우화 하나. 어느 날 왕이 광대 두 명을 불렀습니다. 한 광대에게 "세상에서 '가장 악한 것'을 찾아오라"라고 지시하고, 다른 광대에게는 "세상에서 '가장 선한 것'을 가져오라"라고 명했습니다.

왕의 엄명을 받은 두 광대는 세상 곳곳을 돌아다녔습니다. 그리고 몇 년 후, 광대들이 왕 앞에 나타나 찾아온 것을 각각 내놓았습니다. 두 사람이 가져온 것은 공교롭게도 같았습니다. 바로 '혀'였습니다. 혀는 곧 말을 의미합니다. 말이란 그렇게 악한 것이 될 수도 있고 선한 것이 될 수도 있습니다.

특히 마음보가 삐딱하면 늘 삐딱한 말이 나옵니다. 삐딱함은 기질적입니다. 그런 사람은 말만 삐딱한 게 아니라 태도에서부터 생각하는 것에 이르기까지 모두 삐딱합니다. 당연히 품격이란 있을 수 없습니다. 그런 사람들은 기본적으로 성격 자체가 독특하다는 연구결과도 있습니다. 말하는 것이 삐딱하다면 단순히 대화를 망치는 데 그치지 않고 인생 자체가 삐딱해질지 모릅니다. 스스로 점검해보고 꼭 고쳐야 합니다. 사람들 사이에서 기피인물이 되기 전에, 아니 인생을 망치기 전에.

마음속에 토킹 스틱을

인디언에게서 배우는 대화의 지혜

화술보다 심술입니다. 즉 대화에 임하기 전에 마음가짐부터 제대로 잡아야 합니다. 마음속에 나름의 기준을 세우고 자기 통제를 해야 품격 있는 대화가 가능해집니다. 그와 관련하여 '인디언 토킹 스틱(Indian talking stick)'을 소개하고 싶습니다. 이는 옛날에 인디언들이 말을 할 때 사용했다는 스틱입니다.

옛날에 북아메리카 북서부 해안의 인디언 부족들은 회의나 토론을 할 때 그 지팡이를 사용했다는데, 그것을 잡고 있는 사람만이 발언권을 갖습니다. 그래서 '토킹 스틱'입니다. 지팡이를 잡지 못하면 발언을 할 수 없으니 강제로 지팡이를 빼앗지 않는 한(물론 그럴 수도 없지만) 대화나 토론 중간에 끼어들 수 없는 것이고 말허리를 자를 수도 없습니다. 매우 흥미로운 아이디어지요. 인디언의 지혜로움에 놀라게 됩니다.

이 스틱은 단순히 발언권만을 의미하지 않습니다. 스틱을 잡고 발언을 하는 A는 상대방인 B가 자기의 의견과 관점을 충분히 이해했다고 느끼면 스틱을 B에게 넘겨야 합니다. 발언권을 넘기는 것입니다. A로부터 토킹 스틱을 넘겨받아 발언권을 얻은 B 역시 자신의 의견과 관점을 A가 충분히 이해했다고 느끼면 스틱을 다시 A에게 넘깁니다.

스틱이라고 해서 단순히 긴 막대기 또는 노인들이 사용하는 일반적인 지팡이가 아닙니다. 유튜브에 『성공하는 사람들의 7가지 습관』의 저자 스티븐 코비가 인디언 토킹 스틱을 소개하는 영상이 있습니다.[4] 그 영상을 보면 인디언 토킹 스틱은 소박하면서도 인디언의 얼굴 등이 조각된 스틱임을 알 수 있습니다(다른 자료에는 우람한 스틱도 있는 것으로 보아 아마도 여러 가지 모양이 있는 것 같습니다).

스티븐 코비는 그의 책 『8번째 습관』에서 이 스틱을 소개하며 토킹 스틱의 효과는 정서적 '만족'과 '공감'이라고 했습니다. 회의나 토론 과정에서 상대방으로부터 충분히 이해받았다는 만족감을 느낄 수 있

———————

4. https://www.youtube.com/watch?v=HUxi-Zc45tA

●
말의 품격에 대하여

으며, 이 감정은 곧 상대의 의견에 마음을 열고 귀를 기울이는 효과를 낳습니다. 또한 '상대가 내 말을 충분히 들어주었으니 이제는 내가 그의 말을 들어보자'는 마음을 갖게 함으로써 서로에 대한 공감의 수준을 높입니다.[5]

그러나 내가 생각하는 토킹 스틱의 가장 큰 효과는 대화를 할 때 스스로를 자제하고 통제한다는 것입니다. 토킹 스틱은 발언의 지팡이임과 동시에 스스로를 통제하는 통제의 지팡이, 자제력의 지팡이이기도 합니다.

찰스 두히그는 『습관의 힘』에서 의지력(자제력)이야말로 개인의 성공을 결정하는 데 가장 중요한 핵심 습관(keystone habit)이라고 했습니다. 이는 대화에서도 그대로 적용됩니다. 아무리 대화가 프리 토킹의 형식을 띠지만 말 그대로 프리하게 제멋대로 말해도 되는 것은 아닙니다. 나름의 통제력과 자제력을 발휘해야 품격 있고 좋은 대화를 할 수 있습니다.

옛날 인디언들도 그런 지혜를 발휘했는데 오늘날의 우리는 과연 어떤 수준의 자제와 통제능력을 발휘하며 말하는지 돌아보게 됩니다. 회의나 토론은 물론 대화에서도 스스로를 통제하며 만족과 공감을 얻

5. http://ecokis.blogspot.kr/2015/10/blog-post_27.html#!/2015/10/blog-post_27.html

기보다는 서로 자기의 의견을 내세우기에 바쁩니다. 상대방을 이해하기보다는 자신의 의견을 강조하려고 기를 씁니다. 공감보다는 어떻게 해서든지 이겨야 한다는 강박관념에 사로잡힙니다. 그러니 말허리를 중간에 자르는 것은 예사고, 매우 공격적이어서 목소리 큰 사람이 이긴다는 '신화'를 만들고 있습니다.

강조하거니와 우리가 대화하는 것은 싸우기 위해서가 아닙니다. 승패를 가리는 것이 아닙니다. 상대의 입장을 이해하며 공감할 수 있는 대안을 찾는 과정입니다. 상대를 공격하여 녹다운시키는 것이 아니라 말 그대로 원-윈 하는 것입니다. 그러려면 마음 한편에 토킹 스틱을 두고 스스로를 통제하며 말해야 합니다. 자제력을 발휘하여 여유로운 시선으로 상대를 보고 넉넉한 마음으로 상대의 이야기에 귀 기울이는 대화의 자세가 필요합니다. 그래야 품격 있는 대화가 되고 품격 있는 대화 상대가 됨은 물론입니다.

•

2부

50

품격 있게 말하는 법

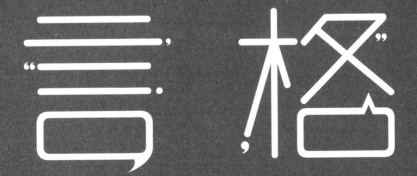

"생각이 언어를 타락시키지만 언어도 생각을 타락시킨다."

— '조지 오웰'(영국의 작가)

눈으로 말하는 법

의외로 까다로운 시선 처리

대화의 주된 도구(?)는 입입니다. 입의 역할은 절대적입니다. 그런데 요즘은 눈의 역할이 매우 강력해졌습니다. 코로나바이러스로 인해 마스크를 쓰는 것이 일상화됐기 때문입니다. 마스크로 가려진 상대의 표정을, 그리고 말뜻을 더 잘 파악하기 위해 사람들은 눈에 집중합니다. 그것으로 충분하지 않기에 더 세심히 귀를 기울입니다.

설령 마스크를 쓰지 않더라도 대화에서 눈의 역할은 중요합니다. 눈은 표정의 핵심이며 마음의 창입니다. 우리가 창문을 통해 세상을 살피듯 눈을 통해 상대의 마음을 살필 수 있습니다.

정부의 고위직 인사를 만나야 할 일이 생겼을 때입니다. 만남을 주선해준 사람이 그를 상대할 때 주의할 점이 몇 가지 있다고 했습니다. 그중에 가장 강조한 것이 바로 '시선 처리'였습니다.

"그분과 대화를 나눌 때 시선을 피하지 마세요. 눈을 보며 말하세요. 다른 곳을 보며 말을 하면 끝장입니다."

끝장이라고? 뭐 그렇게까지 겁을 줄 일은 아니었지만 흥미로운 충고였습니다. 허기는 맹자도 대화를 나눌 때 상대의 눈을 주시했다지 않습니까. 맹자가 말했습니다.

사람에게 눈동자보다 진실된 것은 없으니, 눈동자는 그 사람의 악

(심)을 숨기지 못한다. 마음속이 올바르면 눈동자는 맑고, 마음속이

올바르지 못하면 눈동자도 어둡다. 그 사람의 말을 들으면서 그의 눈

동자를 보는데 어찌 마음을 숨길 수 있겠는가.

(孟子曰 : 存乎人者 莫良於眸子 眸子不能掩其惡)

맹자왈 존호인자 막량어모자 모자불능엄기악

(胸中正 則眸子瞭焉 胸中不正 則眸子眊焉)

흉중정 즉모자료언 흉중불정 즉모자모언

(聽其言也 觀其眸子 人焉廋哉)

청기언야 관기모자 인언수재

대화를 나눌 때 상대의 시선처리를 중하게 생각하는 이들이 의외로 많습니다. 이런 이야기를 처음 들어본다고요? 왜냐면 상대방이 그것을 말해주지 않기 때문입니다. 내가 만난 고위직 인사도 자기와 대화를 나눌 때 반드시 눈을 마주쳐야 한다고 말하지는 않습니다. 그를 잘 아는 사람이 중요한 팁을 내게 알려준 것입니다.

친구 간의 대화에서는 시선 처리에 별 관심을 두지 않습니다. 그러나 남녀가 상견례를 한다거나 상사에게 보고를 하는 등 격식을 차리는 자리에서는 사람을 대하게 될 때 시선 처리에 의도적인 주의를 기울여야 합니다. 악수를 하며 인사말을 나눌 때부터 상대를 똑바로 봐야 합니다.

이런 이야기 들어봤습니까? 미국에 입국하려면 공항에서 매우 까다로운 입국심사를 거쳐야 하는데, 여권을 심사자에게 건네고 질문에 대답할 때 '절대 눈을 피하지 말라'는 충고 말입니다(나는 입국심사를 받는 요령으로 이런 말을 여러 번 들었습니다).

왜 눈을 피하지 말라고 합니까? 시선을 피하면 무엇인가 숨기고 있는 사람으로 의심받게 된다는 것입니다. 눈길을 피한다는 것은 자신감이 없다는 것이며 소통할 의지가 적다는 것이고, 때로는 뭔가 감추려 한다는 의미가 됩니다. 당연히 자신감이 없어 보이고 품격마저 없어 보입니다.

품격 있게 말하는 법

그렇다고 대화하면서 상대를 뚫어지게 쳐다보는 것도 좋지 않습니다. 자칫 도전적이거나 항변하는 것 같은 느낌을 주어 상대를 불쾌하게 할 수도 있습니다. 영국 런던대학의 심리학자 조프리 버드 박사에 따르면 상대를 바라보는 눈길이 전혀 흐트러지지 않는다면 이는 오히려 대화에 주의를 기울이지 않고 다른 생각을 하거나 자신의 말을 믿어달라는 호소를 억지로 보내는 것이라고 했습니다. 이는 결국 '진실하지 않다는 것'을 감추려는 '쇼맨십'으로 볼 수 있습니다.

시선을 피하지도 말고 뚫어지게 쳐다보지도 말라고? 그렇습니다. 시선 교환이 너무 짧으면 품격이 없고 불안해 보이며, 뚫어지게 오래 쳐다보면 권위적이고 부담스럽습니다. '선한 눈(이것이 중요합니다)'으로 상대를 바라보며 대화를 나누되 가끔은 상대의 코나 입 주위로 시선을 자연스럽게 분산시키며 말하는 게 시선 처리의 요령이자 눈으로 말하는 법입니다.

말투가 왜 그래요?

'댕댕이'도 말투에 반응한다

최근 들어 화술에 관한 책들이 중점적으로 다루는 주제가 '말투'입니다. 사실 제목은 말투에 관한 것인데 내용으로 들어가면 화술 전반을 다룬 책이 많습니다(그렇게 잘못 구입한 책도 여러 권입니다). 그래서 여기서는 말투 그 자체만 다루어보겠습니다.

말투는 말의 품질과 대화의 분위기를 크게 좌우합니다. 거만한 말투라면 당연히 상대가 기분 나빠할 것이고, 겸손한 말투라면 호감을 사는 것이 당연합니다.

음식점이나 카페에서 주문을 할 때 종업원의 말투에 따라 서비스의 수준이 달리 다가오지 않습니까. 무뚝뚝한 말투냐 상냥한 말투냐에 따라 분위기가 다릅니다. 심지어 사람까지 다르게 보입니다.

말투의 위력(?)을 가장 잘 보여주는 것은 유머를 말할 때입니다. "밥 먹었니?"라는 지극히 평범한 말도 개그맨 심형래 씨의 '영구' 말투로 하면 사람을 웃길 수 있고 유머가 될 수 있습니다. 영구든 맹구든 그들이 바보스럽게 보이는 것은 목소리 때문이 아니라 말투 때문입니다. 꼭 바보 같은 말투여야 유머가 된다는 의미가 아닙니다. 유머를 구사하려면 말투 자체가 능청맞은 말투, 느긋한 말투, 농담조의 말투, 장난스러운 말투, 즉 유머 말투로 말해야 효과가 뚜렷합니다.

말투가 중요한 또 하나의 이유는 자신의 속내나 진심과는 다르게 같은 말을 하고도 결과가 달라지기 때문입니다. 말투 하나 때문에 자칫하면 관계가 틀어질 수도 있습니다. 예컨대 한마디 대답을 하더라도 말투에 따라 선의의 대답이 될 수 있고 불평 가득한 대답이 될 수 있습니다.

심지어 댕댕이(개)들도 말투에 반응한다고 합니다. 헝가리의 과학자들은 주인의 말이 개에게 어떤 반응을 보이는지 실험했습니다. 즉 주인이 개에게 어떤 지시를 한 후 개의 뇌를 MRI(자기공명영상)로 스캔해서 살펴봤습니다. 그 결과 개가 주인의 말을 들을 때 말의 내용은 물론이고 같은 말이라도 말투에 따라 다르게 반응한다는 것을 발견했습니다. 같은 칭찬의 말하더라도 말투에 진정함이 배어나지 않으면 개도 시큰둥하게 반응합니다. 그러니 사람이야 말할 것도 없습니다.

직장생활에서도 마찬가지입니다. 예를 들어 상사에게 어떤 건의를 할 때 말투가 삐딱하거나 퉁명스러우면 건의가 아니라 불만을 말하는 것으로 비칠 수 있습니다.

실제로 내가 직장생활을 할 때 그런 부하직원을 만난 적이 있습니다. 업무 지시를 하면 그에 대해 질문을 하는데, 그 말투가 꼭 시비를 거는 것 같았습니다. 때로는 지시를 거부하는 듯한 느낌도 들었습니다. 평소의 말투도 그랬습니다. 나만 그렇게 느낀 게 아니라 다른 상사들도 같은 느낌을 받았습니다. 그렇다고 말투 갖고 시비를 걸 수는 없는 노릇이지만 그 직원에 대한 평판은 좋지 않았습니다.

그런데 나중에야 알았습니다. 그 직원은 말투만 그럴 뿐(어린 시절에 불행했던 가정사가 그렇게 만든 것 같다고 합니다) 사실은 '진국'이라는 것을. 그 뒤로는 인사발령으로 함께 일하지 않아도 꾸준히 연락하며 좋은 관계를 이어갔습니다. 그렇게 충직한 사람이 없었습니다.

결국 그는 말투 때문에 큰 손해를 보는 셈입니다. 말투만 달랐어도 요직에 기용될 수 있었을지 모릅니다. 세상사나 인간관계란 그런 것입니다. 아주 작은 차이로 오해를 낳게 되고 결국 관계가 비틀어집니다. 그리고 운명이 달라집니다.

부부관계에서도 말투가 문제를 유발하는 수가 많습니다. 대화를 하다가 싸움으로 변하는 대부분의 경우가 말투 때문입니다. 다툴만한 사안이 있어서 다투는 수도 있지만 웬만한 다툼은 말투로 인하여 발생하거나 증폭됩니다. 부부상담 교육기관 '듀오라이프컨설팅'이 조사한 것을 보면 우리나라 부부들은 월 평균 2.2회 이상 말투로 인하여 부부싸움을 하고 10명 중 9명이 배우자의 말투가 부부싸움에 영향을 준다고 응답했습니다. 부부관계뿐만 아니라, 심각한 고부갈등도 따지고 보면 말투 때문인 경우가 대부분입니다.

말투는 듣는 사람에게만 영향을 미치는 게 아닙니다. 어떤 말투로 말하느냐에 따라 말하는 사람의 자율신경도 영향을 받습니다.

말투와 자율신경의 관련을 밝힌 일본의 의사 고바야시 히로유키에 따르면, 상사가 지시를 했을 때 "알겠습니다"라며 시원스러운 말투로 대답했을 때와 힘없이 웅얼거리며 부정적인 말투로 대답했을 때 듣는 사람의 자율신경뿐 아니라 말하는 사람의 자율신경도 다르게 작동한다고 합니다. 시원스러운 말투로 말하면, 자율신경이 균형을 잡아 뇌를 비롯한 온몸의 세포에 산소와 영양분을 두루 미쳐서 머리가 맑아지고 에너지가 충만해져 활기가 넘치며 건강한 컨디션을 유지하게 됩니다. 반면에 후자의 말투를 사용하면, 두뇌를 비롯한 신체 능력이 떨어진다고 합니다.[6]

"왜 말투가 그러냐?"는 핀잔을 듣고 "원래 태생이 그런 걸 어떠냐?"

고 항변하는 사람을 봤습니다. 그렇게 변명하지 마세요. 정말로 타고 난 말투가 그렇다면, 또는 성격이나 습관에 따라 이미 말투가 고정된 상태라면 적절한 연출을 통해 변화 있게 적용할 수도 있습니다.

"말투는 쇼맨십"이라는 말이 있습니다. 그러니 쇼맨십을 발휘하면 됩니다. 처음에는 쇼맨십으로 시작된 것이 버릇이 되고 습관이 되면 언젠가 정말로 말투가 바뀌어 있는 자신을 발견하게 될 것입니다.

---

6. 『나는 당신이 스트레스 없이 말하면 좋겠습니다』, 고바야시 히로유키 저, 조민정 역, 타커스, 2018

고부 갈등은 말투 갈등

시어머니와 며느리의 대화. 이건 참 연구 거리입니다. 고부 간의 갈등 중 상당 부분이 대화방식의 미숙에서 비롯되고 그 중의 핵심적인 요소가 바로 말투입니다. 같은 말을 해도 말투가 다르면 갈등이 됩니다. 그래서 '무엇을 말하느냐보다 어떻게 말하느냐가 더 중요하다'고 했습니다. 고부간의 화합은 말투로부터 시작해야 합니다. 그런 의미에서 꼭 고쳐야 할 시어머니 말투와 며느리의 말투를 살펴보겠습니다. 자고로 '가화만사성'입니다.

● **꼭 고쳐야 할 시어머니 말투 5가지**

1. **명령 투**: 상대의 사정과 형편을 고려하지 않고 강압적이고 무시하는 말투입니다.

2. **짜증 투**: 같은 말을 해도 신경질적으로 말합니다. 마음을 할큅니다.

3. **꾸중 투**: 질책하듯 말합니다. 꾸짖고 나무라는 식으로 말하니 기분이 상합니다.

4. **빈정 투**: 잘했으면 칭찬하면 될 것을 빈정거립니다. "네가 웬일이냐, 해가 서쪽에서 뜨려나." 이런 식입니다.

5. 퉁바리 투: 퉁명, 무뚝뚝한 말투입니다. 시어머니가 며느리의 말에 대답할 때 이런 말투가 잘 나옵니다.

● **꼭 고쳐야 할 며느리 말투 3가지**

1. 볼멘 투: 옛날 어른들이 며느리나 자식을 다그치고는 "왜 입이 나왔냐?"라고 말하는 경우가 많았습니다. 바로 그 입이 나왔을 때 나오는 말투입니다. 툴툴 거리고 쫑알거리는 말투, 알아듣기 힘든 작은 목소리로 혼잣말을 하는 듯한 말투입니다.

2. 짜증 투: 신경질적인 말투로 톡 쏘는 것. 시어머니와의 관계가 좋지 않거나 시어머니로부터 부당한 대우를 받으면 당연히 짜증이 날 것입니다. 이런 때 나오는 말투입니다.

3. 건성 투: 무미건조하고 무관심한 말투. 시어머니의 말에 건성으로 답하는 말 투입니다.

품격 있게 말하는 법

혹시 짜증 화법 아닌가?

'싸가지' 없는 사람에게 꼭 있는 4가지

대화를 해보면 가슴이 뻥 뚫리듯 시원한 사람이 있는 반면에 대화할수록 속이 답답해지는 사람이 있고, 더 나아가 짜증을 유발하는 사람도 있습니다. 시원한 화법을 사이다 화법, 답답한 화법을 고구마 화법이라고 합니다. 그럼 짜증을 유발하는 화법은? 짜증 화법입니다.

고구마 화법까지야 참을 수 있다 해도 짜증 화법에 이르면 문제는 심각해집니다. 대화를 할 때 지켜야 할 원칙과 요령은 많지만 무엇보다도 상대를 짜증나게 하는 대화 방식은 절대로 피해야 합니다. 그런 사람을 속된 표현으로 '싸가지가 없다'고 말합니다.

그럼 도대체 어떤 사람이 짜증 화법을 구사하는가? 어쩌면 모두 때때로 짜증 화법을 구사할지도 모릅니다. 정도의 차이만 있을 뿐이지요. 항상 또는 상당량을 그렇게 말하는 것이 체질화된 사람이라면 문제입니다. 상대가 짜증스러워하는 줄도 모르니 더 큰 문제죠.

그럼 어떻게 말하는 게 짜증 화법인지 따져보겠습니다. 짜증 화법에는 다음 4가지 특성이 있습니다. 나이가 오십 줄에 들어서도 화법이 이런 수준이라면 품격을 논하기도 아까운 존재일지 모릅니다.

첫째, 말 가로채기.

대화할 때 짜증을 유발하는 으뜸은 말을 가로채는 사람입니다. 상대의 말을 끝까지 듣지 못하고 중간에 끼어듭니다. 성급하게 틈만 나면 말을 가로채서 훅 들어옵니다. 이러면 운전 중에 끼어들기를 당하는 것처럼 신경질이 나는 건 당연합니다. 짜증이 솟구칩니다. 때로는 "말을 좀 끝까지 들어봐!"라는 소리를 들을 수 있습니다.

둘째, 토 달기.

무슨 말을 하면 꼭 토를 다는 사람이 있습니다. 대화란 협상도 논쟁도 아닙니다. 그냥 떠드는 수다, 잡담이 주류입니다. 그러니까 따지고 자시고 할 것도 없습니다. 말해서 즐겁고 들어서 기분 좋으면 그만입니다. 그러니 대충 넘어가는 게 좋습니다. 그런데 "그게 아니지", "말도 안 되는 소리" 운운하며 깐깐하게 따지면서 토를 다는 사람이 있습니다. 그나마 옳은 판단, 좋은 지적이면 참을 수 있는데 그것도 아닙니다. 자기주장이 강하고 고집과 억지를 부립니다. 토 다는 사람과 대화하면 짜증을 넘어 정말 토 나옵니다.

셋째, 깐족거리기.

소위 염장을 지르는 겁니다. 은근히 약을 올리고 부아를 돋우는 화법입니다. 농담을 하더라도 아픈 곳을 찌릅니다. 상대의 마음을 할큅니다. "올해는 담배를 끊기로 했어"라고 말하는 친구에게 "네가 계획만 잘 세우지 실행에 옮긴 적 있냐?"라며 태클을 겁니다. "이번에 일이 잘 안됐는데…"라며 의기소침한 친구에게 위로는 못 할망정 "언제는 성공했냐?"라며 신경을 건드립니다. "이 아이스크림, 너무 달다"라는 말에 "그럼 아이스크림이 달지 쓰겠냐?"라는 식으로 말하는 사람, 정말 싸가지 없습니다.

넷째, 자기 말만 하기.

대화를 독차지하고 끊임없이 길게 말하는 사람. 계속해서 남을 가르치려 하고 시종일관 잘난 체합니다. 당연히 짜증이 날 수밖에 없습니다.

자, 어떻습니까? 여러분 주위에 그런 화법이 습관화된 사람이 있을 것입니다. 말끝마다 토를 달고, 시비를 가리며 자기의 의견을 강력하게 피력합니다. 선선히 넘어가지 않고 반대 의견을 말합니다. 다른 사람의 말을 받아들이는 것이 아니라 들이받습니다. 때로는 빈정거리고 깐족거립니다. 그런 사람과 대화를 나누면 속이 답답해지며 짜증이 납니다. 자칫하면 논쟁을 일으켜 나중에는 말싸움으로 변할 수도 있습니다. 그런 사람을 대화 상대로 좋아하지 않는 것은 당연합니다.

　여기서 잠깐! 혹시 나 자신이 짜증 화법을 구사하는 건 아닌지 돌아봐야 합니다. 대화를 할 때마다 위에 열거한 4가지를 점검하면서 스스로 급브레이크를 걸어야 합니다.

낯선 사람과 대화하는 법

쭈뼛거리지 않고 스몰토크하기

사회생활을 하다 보면 어색한 만남을 갖게 되는 수가 종종 있습니다. 세미나나 컨퍼런스에 참석했을 때 또는 영업이나 거래, 협상을 하기 위해 모임을 갖는 경우가 그렇습니다. 이럴 때는 처음 만나는 사람과 대화를 나눠야 합니다. 자, 이 어색함을 어떻게 한다? 명함을 주고받으며 통성명은 했는데 하필이면(?) 테이블도 원형 테이블입니다. 서로 눈이 마주칠세라 허공을 바라보기도 하고 고개를 숙여 자료를 뒤적이지만 사실 읽는 것이 아닙니다. 상대방과 시선을 피하고 있을 뿐입니다.

낯선 사람과 어울리기가 쉽지 않은 것은 당신만 그런 게 아닙니다. 배짱 두둑할 것 같은 사람도 마찬가지입니다. 2002년 월드컵에서 맹활약했던 안정환 선수의 인터뷰를 봤습니다. 그는 잘생긴 얼굴에 위트 넘치는 달변으로 TV 예능 프로그램에까지 얼굴을 내미는 스타죠. 그가 인터뷰에서 말하길, 선수 시절에 낯가림이 심해서 구단으로부터 특별히 '낯선 사람과 대화하는 법'을 배워야 했다고 하더군요. 정말 의외죠. 수많은 관중 앞에서 기죽지 않고 공을 차던 스포츠맨이면 강심장이어서 낯가림 따위는 딴 세상 이야기일 것 같은데 그게 아니니 말입니다.

그럼 낯선 사람과의 대화는 어떻게 하는가? 그냥 말을 붙이면 됩니다. 특별한 요령이 필요한 게 아닙니다. 그런데 이 간단한 요령을 실행에 옮기는 게 말처럼 쉽지 않습니다. 무엇보다 낯가림 때문에 그렇습니다. 우리는 낯선 사람과의 접근을 꺼리고 낯선 사람과의 관계가 서먹한 '낯가림 문화'를 가지고 있습니다. 낯선 사람에게 다가가는 것은 고사하고 슬그머니 피하려 합니다. 전통적으로 농경사회에서 '끼리끼리' 살아왔기 때문일 것입니다.

반면에 낯선 사람에게도 잘 접근하며 말을 건네는 서양인들의 붙임성은 이동성이 강했던 그들 역사의 산물로 봐야 할 것입니다. 서양의 역사를 보면 수시로 이방인을 접촉해야 하는 이동민족으로서의 삶을 영위했습니다. 낯선 이를 만난다는 것이 일상적인 일입니다. 그러니

품격 있게 말하는 법

한편으로는 경계하면서도 한편으로는 '서로 잘 지내보자'는 의사 표시로 먼저 인사를 건네며 해칠 의도가 없다는 증표로 악수를 건넸을 것입니다.

그런 문화적 행태는 해외여행을 해보면 금세 실감합니다. 호텔의 엘리베이터 안에서부터 문화의 차이를 발견하게 됩니다. 그들은 처음 보는 사람에게 성큼 인사말을 건넵니다. 반면에 우리는 어떤가요? 좁은 엘리베이터 공간에서 말을 건네는 것은 고사하고 모두들 침묵하며 엘리베이터 숫자판에 시선을 집중합니다. 호텔의 엘리베이터는 말할 것도 없고 같은 아파트에 사는 이웃에게조차 그렇습니다. 뻔히 같은 아파트에 사는 사람인 줄을 알면서도 낯가림을 합니다.

낯선 사람과 쉽게 말을 붙이지 못하는 또 하나의 이유는 별로 할 말이 없기 때문입니다. 공통의 화제를 쉽게 찾지 못하기 때문이기도 하고, 그런 상황에 대한 준비가 덜 되어서 그렇습니다.

그럼 어떻게 한다? 안정환 선수야 구단으로부터 특별히 교육을 받을 수 있었지만 우리네 보통 사람이야 자신이 해결할 수밖에 없습니다. 간단합니다. 그냥 먼저 간단한 말을 건네면 됩니다. 그걸 '스몰토크(Small Talk)'라고 합니다. 스몰토크란 잡담이나 수다를 가리키지만 인간관계를 형성하는 과정에서 편안하고 가볍게 나누는 일상의 소소한 대화를 말합니다. 낯선 사람과 자리를 함께했을 때는 이 스몰토크를 하면 됩니다. 가벼운 대화 말입니다.

말은 가벼운 대화지만 아마도 마음은 엄청 무거울 것입니다. 얕보이지 않으면서 품위 있게 말하려면 더욱 그렇습니다. 낯선 분위기 서먹한 사람과 스몰토크를 시도할 때 필요한 것이 넉살입니다. '넉살 좋다'는 것의 사전적 의미는 '부끄러운 기색이 없이 비위 좋게 구는 것'입니다. 부끄러운 기색이 없다니 낯 두꺼운 것이긴 하지만 밉지 않은 뻔뻔함이자 사람 친화적인 붙임성입니다.

넉살이 좋은 사람은 낯선 사람과의 대화도 스스럼없이 잘합니다. 사람을 잘 사귑니다. 친구 간에는 물론이고 직장에서 상사와의 관계에도 허물없이 붙임성 있게 다가갑니다. 그런 사람은 상사에 대한 직언도 밉지 않게 합니다. 동료들이 상사에게 말하지 못하고 속으로 앓는 고언도 자연스럽게 잘합니다.

세상을 살면서 넉살이 좋은 것은 경쟁력입니다. 사람과 사람의 관계란 묘해서 너무 공식적이고 깍듯하면 재미가 없습니다. 정이 붙지 않습니다. 그렇게 되면 인간관계라기보다 AI의 '인공지능 관계'가 될지 모릅니다. 인간미가 없고 살가운 맛이 사라집니다.

사람들은 넉살의 필요성과 효과를 인정하지만 반문합니다. '그게 마음대로 되지 않으니 문제'라고. 정말 그렇습니다. 넉살은 타고난 성품일 수도 있습니다. 그러나 넉살의 효과를 수긍한다면 그런 사람이 되도록 노력할 필요가 있습니다. 조금만 용기를 내어 넉살을 키우라는 말입니다.

넉살을 어떻게 키울 수 있을까요? 여러 방법이 있지만 가장 효과적이고도 쉬운 방법은 '인사하기'를 실천하는 것입니다. 인사하기와 넉살이 무슨 관계냐고요? 넉살은 붙임성이고, 붙임성의 기본은 인사성입니다. 인사는 스몰토크를 비롯한 대화의 첫걸음이기도 하지만 넉살을 키우는 요령이 될 수 있습니다

낯가림을 털어내고 낯선 사람과도 스스럼없이 대화할 줄 아는 넉살을 키우려면 일단 동네 아파트나 직장의 엘리베이터에서 인사하기부터 습관화할 필요가 있습니다. 나이의 순서를 살필 것도 없이 먼저 화끈하게 인사를 해보세요. 하찮은 것 같지만 그것이 넉살과 대화 능력을 키우는 좋은 기회이자 방법입니다.

당신의 넉살은 어떻습니까? 낯선 사람에게 잘 다가갑니까? 당신이 먼저 인사합니까? 대화법을 배우기 전에 일단 사람을 만나면 피하지 말고 앞으로 나서는 것부터 배워야 합니다. 화끈하게 인사하고 말을 섞는 것부터 스스로 훈련하는 게 좋습니다.

자, 일단 출퇴근할 때 동네 아파트의 엘리베이터에서 만나는 사람에게 먼저 인사하는 것부터 실행에 옮겨봅시다. 남들은 예의 바르고 품격 있는 좋은 사람이 우리 아파트에 살고 있다고 생각하겠지만 당신은 지금 대화의 고수가 되기 위해 '넉살 기르기 훈련', '대화 공포를 털어내는 훈련'을 하고 있는 것입니다. 상상만 해도 재미있지 않습니까?

스몰토크를 품격 있게 하는 법

이 공식 하나면 끝!

자, 어떤 모임에서 처음 만난 사람들과 자리를 함께했다고 칩시다. 그리고 명함을 주고받으며 인사를 나눴습니다. 거기까지는 일단 성공했습니다. 그다음에는 무슨 말을 하면서 대화를 이어가야 할까요? 여기서부터가 진짜 고민입니다. 인사만 하고 입을 딱 다물고 있다면 머쓱하고 서먹할 것입니다. 슬슬 눈치를 보게 될 수도 있습니다. 진짜 대화 능력을 발휘하는 것은 이제부터입니다.

TV조선의 〈연애의 맛〉이라는 프로그램은 청춘남녀가 사귀어가는 과정을 다룬 프로입니다. 출연하는 남성들은 이름난 가수나 배우 등

그야말로 유명인이고 여성들은 거의 이름이 알려지지 않은 사람들이었습니다.

그들의 만남을 지켜보면서 눈에 띄는 점이 있었습니다. 이름난 가수나 배우라면 주위의 연예인들은 물론이고 열성적인 팬들과도 자주 접촉하면서 대화를 잘 나눴을 텐데 의외로 낯선 사람과의 미팅에서 상당히 긴장하는 것이었습니다. 카페 등에서 자리를 잡고 인사를 나눈 후, 그다음부터는 무엇을 어떻게 해야 할지 몰라 전전긍긍했습니다. 마음에 드는 이성 앞이라 떨려서 그랬을까요? 시선을 자꾸 다른 곳으로 돌리는가 하면 헛웃음을 짓고 손가락을 고무락거리고 다리를 떨었습니다. 그럴수록 분위기는 점점 더 서먹해졌지요. 물론 흥미를 끌기 위해 일부러 그렇게 연출을 한 것일 수 있겠지만 실제로 소개팅에서 그렇게 버벅거리며 대화를 잇지 못한다면 연애가 성사되기는 힘들 것입니다.

그 프로그램에서뿐만 아닙니다. MBC의 〈전지적 참견 시점〉에서도 비슷한 장면을 봤습니다. 개그맨 허경환 씨가 자신의 개인 방송 촬영을 위해 가수 홍진영 씨를 초대했는데 말을 못 붙이고 전전긍긍하더군요. 개그맨이라면 특히나 넉살 좋고 붙임성 좋아서 대화를 잘 이끌어갈 것 같은데 전혀 그렇지 않았습니다.

대화를 잘 이끌어가는 사람인지 여부는 특히 처음 만나는 사람과의 대면에서 나타납니다. 어떤 사람과 처음 만나 어떻게 대화를 이어갈

지 몰라 서먹한 분위기가 되었다면 이렇게 묻고 싶을 것입니다.

"정말이지, 처음 본 사람과 무슨 이야기를 해야 서먹함을 풀 수 있죠?"

이야깃거리를 찾는 쉽고 간단한 요령을 알려드리겠습니다. 기억하기 쉽게 '생·일·상·사·오'라고 부릅니다. 낯선 사람을 만날 때, 또는 한두 번 만났지만 서먹할 때는 머릿속으로 상대방의 '생일상'을 마련한다는 생각으로 '생·일·상·사·오'를 떠올리세요. 그리고 이 5가지를 잘 결합해서 대화를 풀어가면 됩니다. 적어도 이야깃거리를 찾지 못해 쩔쩔매는 상황은 충분히 피할 수 있을 것입니다.

첫째 '생', 생활에 관한 이야기입니다. "요즘 코로나 때문에 어려운 점은 없으신가요?", "연휴 동안에 무슨 특별한 계획이라도 있으십니까?" 등 일상생활에 관하여 관심사를 물으면 상대가 대답할 것입니다. 그러면 다시 질문을 이어가거나 자신의 일상을 이야기하면 됩니다. 자연스럽게 대화가 이뤄질 것입니다.

둘째 '일', 일에 관한 이야기, 즉 직업이나 직장에 관한 이야기입니다. 소개를 받았거나 명함을 건네받았다면 일에 관하여 묻기 딱 좋습니다. "하시는 일이 무엇인지요?", "아, 디자이너시군요. 정말 좋은 일을 하시는 것 같습니다", "요즘 그 업종의 가장 큰 이슈는 무엇입니까?", "요즘 저희 회사는 ○○한 일로 신문에 여러 번 보도됐었죠" 등 화제는 무궁무진합니다.

셋째 '상', 상황, 분위기에 대한 이야기입니다. 만난 장소의 상황과 분위기를 살펴보면 얼마든지 화젯거리를 발견할 수 있습니다. "이곳은 처음 와보는데 분위기가 참 좋군요", "여기에 자주 오십니까?" 이렇게 대화를 이어갈 수 있습니다.

넷째 '사', 사건·사고·사회적 이슈에 관한 이야기입니다. 이에 대한 화젯거리도 무궁무진합니다. 어제오늘 뉴스에 뜬 대형 사고나 사건을 화제로 삼으면 됩니다. 꼭 사건 사고가 아니더라도 여러 가지 사회적 이슈가 되는 스토리를 떠올려서 말하면 자연스럽게 대화를 풀어갈 수 있습니다.

다섯째 '오', 오락이나 취미에 관한 이야기입니다. "어떤 취미를 가지고 있나요?"라고 한마디만 던져도 이야기는 술술 풀릴 수 있습니다. 상대가 대답을 할 것이고 그것에서 또 이야깃거리를 찾아 이어가면 됩니다. 취미가 같으면 더 좋고, 다르다면 당신의 오락이나 취미생활을 화제로 삼아도 됩니다.

어떻습니까? 처음 만나는 서먹한 관계에서 이렇게 요긴한 공식도 드물 것입니다. 이 공식을 활용해 일단 말문을 열게 되면 자연히 화제가 풍성해집니다. 이야기를 나누다가 말문이 막힐 때는 머릿속으로 다시 한번 '생·일·상·사·오'를 떠올리며 화젯거리를 찾아 대화를 이어가면 됩니다. 상대는 당신이 지금 무슨 공식을 되뇌고 있는지 눈치채지 못하고 그저 붙임성 있고 매력적이고 품격 있는 사람으로 볼 것입니다.

잡담과 수다의 품격

품격을 지키는 3가지 원칙

비즈니스를 위한 것이 아닌 한 대화의 주류는 잡담입니다. 잡담(雜談)의 사전적 의미는 '쓸데없이 지껄이는 말'입니다. 그러나 이 정의에는 약간의 문제가 있습니다. 『잡담이 능력입니다』를 쓴 일본의 잡담연구가 사이토 다카시에 의하면 잡담은 알맹이 없는 이야기일 뿐이지 필요 없는 이야기가 아니라고 했습니다. 그 나름의 쓸데와 필요가 있다는 말입니다. 동의합니다.

생각해보세요. 우리가 대화를 나눌 때 꼭 용건(알맹이)이 있는 말만 합니까? 본론에 들어가기 전에 이런저런 이야기를 나누고 때로는 분위기를 잡기 위해 잡담을 합니다.

잡담이라면 떠오르는 용어가 하나 있습니다. '수다'입니다. 수다의 사전적 의미는 쓸데없이 말수가 많음, 또는 그 말로 잡담과 거의 같은 의미지만 잡담이 대화의 질과 연결된다면 수다는 말이 많은 양의 문제입니다.

요즘 '소통, 소통'하는데 잡담과 수다야말로 소통의 핵심입니다. 잡다한 이야기를 많이 하다 보면 마음이 열리고 상대를 알게 되며 서로 통하게 됩니다. 그뿐만이 아닙니다. 야후의 여성 CEO였던 마리사 메이어가 "좋은 아이디어는 골방에 틀어박혀 혼자 있을 때 나오는 것이 아니라 회사에서 동료 또는 고객들과 커피를 마시며 수다(잡담)를 떨 때 나온다"라고 했듯이 잡담과 수다의 기능도 분명히 있습니다.

문제는 잡담과 수다의 부작용에 관한 것. 즉흥적인 이야기, 알맹이 없는 말들을 마구 쏟아내다 보면 정리되지 못한 이야기가 튀어나오게 마련입니다. 말을 토해내는 속도가 생각의 속도를 넘어서면 자칫 넘어서는 안 될 선을 넘게 되어 낭패를 볼 수도 있습니다. 무엇보다도 이미지를 망칠 수 있습니다. 재미있는 사람이 될지는 몰라도 품격 없는 사람으로 낙인찍힐 수 있습니다. 때로는 트러블메이커가 되기도 합니다. 뿐만 아니라 모든 스트레스를 말로써만 풀어내다 보면 매우 심각한 정신 문제에 봉착할 수 있다는 것이 전문가의 충고입니다. 과유불급입니다.

그러면 어떻게 잡담을 하고 수다를 떠는 게 적절할까요? 마음껏, 아무렇게나 떠드는 것이 잡담은 아닙니다. 적절한 계산과 통제가 필수입니다. 잡담과 수다에도 품격이 있습니다. 넘어서는 안 될 선을 넘지 말아야 재미있는 사람임과 동시에 '격'이 있는 사람이 됩니다.

잡담의 품격을 지키려면 적어도 다음 3가지 원칙은 지켜야 합니다. 독자 여러분이 기억하기 쉽게 용어를 만들었습니다. 잡담을 하다가도 얼른 생각이 나도록 말입니다. 그것이 바로 '비·비·비'입니다. 영어를 좋아하는 사람은 'Three(3) B'로 기억해도 좋고, 인기 가수 '비'를 떠올려도 좋습니다.

첫 번째 '비', 비난을 삼가라.

험담하지 말라는 이야기입니다. 남을 헐뜯거나 비하하는 이야기를 화제로 삼지 말아야 합니다. 이것이 잡담의 품격을 지키는 첫 번째 원칙입니다. 사적 대화를 하다 보면 남의 이야기를 하게 됩니다. 그러다 보면 칭찬의 말보다 험담과 비난에 쏠리기 쉽습니다. 험담과 비난이 더 재미있으니까요. 남을 씹는 건 맛있으니까요. 그게 인간의 보편적 심리입니다.

그러나 그 재미에 빠지면 수렁에 발을 들여놓은 것과 같습니다. 수많은 선각자, 철학자들이 험담을 하지 말라고 경고한 것은 그만큼 위험성과 해악이 크기 때문입니다. 험담과 비난의 효과(?)가 어떤지는 별도로 다루겠습니다. 여기서는 제1원칙으로 비난을 삼갈 것만 기억하면 됩니다.

두 번째 '비', 비밀을 누설하지 마라.

잡담을 나누고 수다를 떠는 것은 좋은데 회사의 비밀, 남의 비밀, 심지어 자신의 천기를 절대 누설해서는 안 됩니다. "이건 비밀인데", "너만 알고 있어"라는 단서를 아무리 달아도 소용이 없습니다. 그런 단서를 붙이는 순간 비밀은 해제됩니다. 말수가 많으냐 적으냐의 기준은 단지 말을 많이 하느냐 적게 하느냐가 아닙니다. 해서는 안 될 말을 하느냐 아니냐에 달려있습니다. 과묵한 사람이란 단순히 말수가 적은 사람이 아닙니다. 비밀을 지키는 사람이 진짜 과묵한 사람입니다. 잡담과 수다를 하면서도 품격을 지키는 원칙 두 번째는 비밀을 말하지 않는 것입니다.

세 번째 '비', 비집고 들어올 틈을 줘라.

잡담을 많이 하면 수다쟁이가 됩니다. 수다쟁이란 말 자체가 이미 품격을 상실한 단어입니다. 수다쟁이의 특징은 단지 말이 많은 것이 아니라 혼자서 말을 독점한다는 데 있습니다. 독점하지 않으면 수다쟁이란 비난을 들을 까닭이 없습니다. 그러니 잡담을 할 때는 상대가 비집고 들어올 틈을 주는 것이 품격을 지키는 지혜입니다. 숨을 고르면서 말하세요. 즉 상대방도 말할 기회를 주세요. 1~2분쯤 말했으면 잠시 숨 좀 돌리고, 상대방도 대화의 장으로 비집고 들어올 틈을 줘야 합니다. 그래야 말을 주거니 받거니 하게 되고 '대화'가 됩니다.

　소통의 시대입니다. 아무쪼록 대화를 많이 나누고 잡담과 수다를 즐기세요. 그러나 대화를 할 때마다 수시로 "지금 '3비' 원칙을 지키고 있는가?"를 스스로 반문하면서 말하세요. 그러면 결코 수다쟁이라는 불명예를 얻을 이유가 없습니다. 할 말 다 하면서도 품격 있는 화술의 소유자로 평가될 것입니다.

잡담과 수다의 효과

대화의 참맛과 멋은 잡담에 있습니다. 잡담이야말로 대화의 윤활유 같은 것입니다. 또한 잡담과 수다에는 심리적, 의학적 효과가 있습니다. 전문가들에 의하면 수다를 떠는 것만으로도 잘못된 행동을 자제할 수 있답니다. 말을 통해 털어냄으로써 긴장을 해소하고 압박감에서 해방될 수 있습니다. 터놓고 이야기함으로써 억압의 해제, 즉 탈억제(disinhibition)를 경험하게 됩니다. 수다에 의해 스트레스가 해소되면 시상하부와 교감신경계가 안정되어 혈액순환을 비롯한 각종 신진대사가 잘 이루어지므로 육체적 건강에도 도움이 됩니다.

나는 특히 퇴직 은퇴자를 대상으로 교육을 할 때 '수다 떨기'를 권장합니다. 잡담이나 수다는 건강의 상징이기 때문입니다. 생각해보세요. 나이 든 사람이 입을 꾹 다물고 있다면 그건 뭔가 문제가 있다는 증거입니다. 갑자기 철학자(?)가 됐거나 우울증에 걸렸거나 기력이 떨어진 것입니다. 문제는 품격입니다.

대화로 상대를 춤추게 하는 법

칭찬의 안경을 쓰고 선의로 보기

대화에 있어서 칭찬의 중요성과 효과는 새삼 강조할 필요도 없습니다. 그렇더라도 이걸 빼놓고 대화법을 다룰 수는 없습니다. 그토록 수많은 책이 주구장창 칭찬하기를 강조하지만 이게 잘 안 됩니다. 칭찬을 하더라도 어설프고 미숙합니다. 화술이나 인간관계의 전문가들이 칭찬을 줄기차게 강조하는 것은 그만큼 중요하다는 의미도 되지만 그만큼 실천을 못 한다는 방증이기도 합니다.

칭찬에 대해 가장 강하게 마음에 와 닿은 한마디를 꼽으라면 '칭찬은 고래도 춤추게 한다'는 말입니다. 이 말 한마디면 충분합니다. 고래도 춤추게 하는데 하물며 사람에게야!

칭찬을 고래와 연결하여 인간에게 교훈을 준 것은 20년 전쯤 세계적인 경영컨설턴트 켄 블랜차드가 고래훈련전문가 등과 함께 공동으로 쓴 책에서 비롯됐습니다. 원제목은 'Whale Done!'으로, '참 잘했어(Well done)'라는 말에서 well 대신 whale(고래)를 넣은 재미있는 제목입니다.

이 책을 우리나라에서는 『You Excellent!』라는 제목으로 바꿔 출간했는데 크게 팔리지 못했습니다. 대중의 마음을 읽기가 그렇게 어렵습니다. 책의 내용은 좋은데 왜 책이 잘 안 팔릴까? 출판사에서 고민했을 것입니다. 우여곡절 끝에 두 달 만에 다시 제목을 바꾸어 내놓았는데, 그 제목이 바로 '칭찬은 고래도 춤추게 한다'입니다. 그러자 놀라운 일이 벌어졌습니다. 제목 하나 바꾸었을 뿐인데 대박이 났고 오늘날까지 칭찬에 대한 최고의 구호로 사람들의 입에 오르내립니다(그 출판사에서 내 책을 출간할 때 관계자에게서 들은 이야기입니다).

맞습니다. 칭찬은 고래까지 춤추게 합니다. 그것만 알면 우리들이 대화에서 어떻게 해야 할지는 답이 나옵니다.

칭찬에 관한 책들을 보면 3계명에서부터 10계명에 이르기까지 여러 방법이 나오고 200~300쪽이나 되는 책도 여럿 나왔지만 괜한 낭비가 아닌지 모르겠습니다. 그냥 칭찬하면 됩니다. 그렇다고 내키지 않는 입에 발린 소리를 하라는 게 아닙니다. 상대를 진심으로 인정해주면 됩니다. 칭찬은 인정이니까요.

세계적인 경영컨설턴트 톰 피터스는 "나는 그동안 많은 사람에게서 분수에 넘치는 대접과 인정을 받았지만 지금도 그런 인정을 받는 것은 매우 유쾌할 뿐, 신물이 난다거나 넌더리가 나는 일은 전혀 없습니다"라며 칭찬받기의 즐거움을 고백한 바 있습니다.

그런데 나폴레옹은 칭찬받기를 싫어했다는 이야기가 있습니다. 그런 그에게 부하가 이렇게 말했답니다.

"저는 각하를 대단히 존경합니다. 그것은 칭찬을 싫어하는 각하의 성품이 마음에 들기 때문입니다."

이 말을 들은 나폴레옹은 몹시 흐뭇해했다는데 아무래도 '가짜뉴스'가 아닌가 싶습니다. 그 시절에 '각하'에게 그 따위로 말할 부하가 있을까요? 아마도 나폴레옹 같은 영웅호걸에게도 칭찬은 먹혀든다는 걸 강조하기 위해 만들어낸 이야기 아닐까요?

칭찬의 효과와 힘을 설명하는 스토리와 '어록'은 무궁무진합니다. 미국의 설득 심리학자 로버트 콘클린은 "칭찬은 인간의 마음을 만족시키고 풍요하게 하며 기쁘게 하고 그리하여 따뜻한 심정을 북돋아준다"라고 말했고, 영국의 소설가 서머셋 모음은 "사람들은 당신에게 비평을 원하지만 사실은 칭찬 받고 싶어 할 뿐이다"라고 했습니다. 심지어 서양 속담에 '바보도 칭찬하면 쓸모 있게 된다(Praise a fool, and you make him useful)'는 말도 있습니다.

인간경영 분야에 기념비적 업적을 남긴 데일 카네기는 『인간관계론』에서 사람을 다루는 기본적인 기술 3가지를 밝혔습니다. 첫 번째는 '남에 대한 비난이나 비평을 하지 말라', 두 번째는 '솔직하고 진지하게 칭찬하라'입니다. '솔직하고 진지하게', 이것이 칭찬의 요령이고 기법입니다. 그 외에 더 많은 기법을 적용하면 그때는 술수가 되어 역효과가 일어날지 모릅니다.

자, 이쯤 하면 대화를 어떻게 해야 하는지 알았을 것입니다. "칭찬할 거리가 있어야 칭찬하지 않냐"고요? 칭찬의 안경을 쓰고 사람을 보면 무수히 많은 칭찬거리를 발견할 수 있습니다. 문제는 당신의 마음가짐입니다. 세상을 긍정의 시각에서 바라보고 사람에 대한 선의의 마음을 가지고 있다면 칭찬은 자연스럽게 나오게 되어 있습니다.

따라서 대화를 할 때는 칭찬의 안경을 쓰고 상대를 선의로 바라보는 것이 우선입니다. 그러면 자연스럽게 칭찬거리를 발견하게 될 것이고 결국 상대를 춤추게 할 것입니다. 당신의 품격이 돋보일 것은 당연합니다.

품격 있게 대화의 주도권을 잡는 법

'선수'들은 질문으로 대화한다

대화는 말을 주거니 받거니 하는 것입니다. 그러나 말을 많이 하는 사람은 하수입니다. 말 많은 사람을 싫어하는 것은 누구나 마찬가지입니다. 말 많은 사람조차도. 특히 나이 들수록 말이 길어지는 경향이 있는데 젊은이들이 꼰대라고 손가락질을 하는 첫 번째 이유가 바로 이 때문입니다.

젊은이든 나이 든 사람이든 대화에서 품격을 지키려면 말을 적게 하는 게 좋습니다. 그렇다고 입을 꾹 다물고 있으면 재미없는 사람이 됩니다. 침묵이 금이라지만 침묵할 때가 있고 입을 열어야 할 때가 있습니다. 대화에도 강약과 고저장단이 필요합니다.

그럼 말을 적게 하면서 대화의 주도권을 잡는 방법은 없을까요? 말재주가 없는 사람도 품격 있게 대화를 잘 이끌어가는 요령이 있습니다. 질문을 활용하는 것입니다. 그럼으로써 대화의 주도권을 잡을 수 있습니다.

질문은 자신은 말을 적게 하면서도 상대를 신바람 나게 할 수 있고 대화를 즐겁고 풍성하게 하는 좋은 방법입니다. 품격도 돋보이면서 말입니다. 상대가 말하기를 좋아하는 사람이라면 더욱 그렇습니다(대부분의 사람은 듣기보다 말하기를 좋아합니다).

질문으로 대화를 잘 끌어간 대표적인 '선수'가 바로 가수 나훈아 씨가 노랫말에서 애타게 불러낸 '테스 형'입니다. 소크라테스 말입니다. 소문에 의하면 소크라테스는 평생 글을 쓰지 않았다는 말이 있을 정도로 '손'이 아니라 '입'으로 학문적 성과를 이뤄낸 사람입니다. 그것이 소위 '소크라테스 대화법'인데 다른 표현으로 바꾸면 질문법이라 해도 과언이 아닙니다. 소크라테스 대화법은 상대에게 답을 가르쳐주는 것이 아니라 상대가 답을 찾도록 계속 질문하는 것이니까요.

그렇다고 사람을 코너로 몰아 곤욕을 치르게 하려고 질문을 하는 것은 아닙니다. 대화의 참여자(대부분이 제자였습니다)에게 용기를 불어넣으며 스스로 문제를 풀 수 있도록 유도하는 데 질문을 활용합니다. 질문에 대해 대답을 하다 보면 자연스럽게 문제가 풀리게 됩니다. 계속된 질문에 말문이 막혀 "모르겠다"고 답한 청년에게 "자네는 그래도 낫네. 모른다는 것을 알고 있지 않은가?"라고 격려했답니다. 그래서 "너 자신을 알라"는 어록이 나왔을 것입니다.

질문의 첫 번째 장점은 가성비(?)가 좋다는 것입니다. 적게 말하고도 대화에 능한 사람으로 평가받을 수 있으니까요. 예컨대 상대에게 "그것에 대해 어떻게 생각하세요?"라고 질문을 했다고 칩시다. 그 짧은 질문에 상대는 자신의 생각이나 입장을 말할 것입니다. 중간에 가끔 "그래서요?" "아하 그랬군요"라는 추임새 정도만 넣어주면 됩니다. 밋밋하다 싶으면 "정말 대단하네요." "멋지세요"라고 칭찬을 보태면 상대는 점점 더 신바람이 나서 많은 말을 할 것입니다. 그러면 당신은 잘 들어주면 됩니다. 그러다가 의문이나 의견이 있으면 또 질문을 던지면 그뿐입니다. 그러니 가성비가 높을 수밖에요. 크게 애쓰지 않고도 대화가 풍성해질 테니까 말입니다.

질문이 갖는 또 하나의 장점은 대화의 주도권을 쥘 수 있다는 것입니다. 생각해보세요. 스포츠 경기를 보더라도 공격과 방어를 떠올리면 주도권은 당연히 공격 쪽에 있습니다. 방어가 주도권을 행사할 수는 없는 노릇입니다. 물론 질문이 상대방을 위험에 빠뜨리는 '공격'은 아니지만 일단 상대에게 의견을 말하도록 '던지는 말'이므로 방어라기보다는 공격에 가깝습니다.

당신의 간단한 질문에 상대가 많은 말을 할 경우, 말이 많은 상대가 대화의 주도권을 잡는다고 생각할지 모르나, 그건 아닙니다. 대화를 어느 방향으로 이끌어 가느냐는 확실히 질문자에게 달려 있습니다. 소크라테스처럼 말입니다. 이처럼 질문을 하면 말을 적게 하면서도 대화의 주도권을 쥘 수 있습니다.

질문의 세 번째 장점은 가장 중요한 것으로, 자신을 느긋하게 만든다는 것입니다. 대화의 주도권을 잡으면서도 공은 상대방에게 넘겨놓고 대답을 기다리는(대답을 듣는) 시간을 벌게 됩니다. 대답을 하는 사람은 본능적으로 말이 많아질 수밖에 없습니다. 열심히 질문의 정답을 말하려고 애쓸 것입니다. 질문자가 이해가 잘 가지 않는다는 표정을 짓거나 "오호!", "대단하네요" 따위의 칭찬 한마디를 중간에 넣어주면 더 많은 말을 더 빠르게 쏟아놓을 것입니다. 반면에 질문을 한 당신은 더 느긋해지고, 그러면서 상대와 소통할 여러 생각을 정리할 시간을 벌 수 있게 됩니다.

당신이 말재주가 별로 없다고 생각된다면, 그리고 대화술에 자신이 없다면 '어떻게 하면 말을 잘할까?'를 생각하는 것 이상으로 '어떻게 하면 질문을 잘 활용할 것인지'를 궁리하는 것도 좋습니다. 그게 훨씬 경제적이고 손쉬운 방법입니다.

여기서 한 가지 꼭 기억할 것이 있습니다. 질문이 상대의 입을 열게 하는 것이어야지 입을 막아버려서는 안 된다는 점입니다. 하수들은 종종 마치 심문하거나 따지듯이 질문하는데 그렇게 하면 질문이 아니라 '공격'이 되고 맙니다. 당연히 상대의 기분을 언짢게 해서 상대는 결국 입을 다물 것이고 마음의 문도 닫아버릴 것입니다.

폐쇄형 질문을 해도 대화가 이어지기 힘들어집니다. 상대방이 어떤 답을 하도록 유도하거나 단답형으로 말하게 만들기 때문이지요. 질문은 개방형으로 하는 것입니다. "이런 것은 어떨까요?", "왜 그렇게 생각하시죠?" 하는 식으로 상대가 틀에 갇히지 않고 자신의 생각을 자유롭게 말하도록 유도해야 합니다. 개방형으로 질문을 하면 자연스럽게 상대가 여러 가지 의견을 말할 것이므로 대화가 풍성해질 수 있습니다. 그러면 대화 분위기는 자연히 좋아지고 당신은 대화술에 능한 사람이 됩니다. 적어도 대화를 못해서 쩔쩔 맬 이유는 없어집니다.

우문현답? 아니, 범문현답!

대화는 대답으로 완성된다

대화를 구성하는 3요소는 설명(언급), 질문, 대답이라고 할 수 있습니다. 예를 들면 이런 겁니다.

"요즘 회사 일로 무척 바쁩니다."(설명, 언급)

"무슨 일로 그렇게 바쁘십니까?"(질문)

"코로나로 인해 택배 물량이 엄청 늘었거든요."(대답)

우리가 대화술을 다룰 때 상당 부분은 설명(언급)의 기술에 관해서입니다. 말을 잘한다는 것을 설명의 영역으로 생각하기 때문입니다. 어떻게 하면 잘을 말하느냐는 곧 어떻게 잘 언급하느냐와 같은 의미입니다. 이 책도 마찬가지여서 상당 부분이 그것에 관한 것들인데 바로 앞장에서는 질문으로 대화하는 법을 다뤘습니다.

사실 질문법에 관해서는 연구가 많이 되어 있고 책도 많이 출간되어 있습니다. 그런데 대답법에 관해서는 연구가 미진합니다. 자랑을 좀 하자면 2019년에 낸 나의 책 『대답도 제대로 못 하면서』가 우리나라에서 처음 나온 대답법에 관한 책으로 알고 있습니다. 그 책을 집필할 때 대답법에 관한 자료가 거의 없다는 사실을 알고 놀랐던 기억이 있습니다.

이제부터 대답법에 대해 생각해봅시다. 왜 질문을 합니까? 대답을 듣기 위해서입니다. 질문을 받으면 적절한 대답을 해야 합니다. 그런데 질문과 대답은 단지 '묻는 말'과 '답하는 말'이라는 의미를 넘어 결정적인 차이가 있습니다. 질문은 문득 생각나는 대로 던질 수 있지만 대답은 그렇지 않다는 점입니다. 그렇기 때문에 질문을 보고 사람의 수준을 판가름하기는 어렵지만 대답을 보면 그 사람의 수준이 보입니다. 그만큼 대답이 중요하다는 말입니다.

그래서 '우문현답(愚問賢答)'이라는 말이 있습니다. 질문은 바보같이 했음에도 대답을 현명하게 했을 때, 또는 문제의 본질을 짚지 못한 질문을 받고도 훌륭한 답변을 할 때 쓰는 말입니다. 일상적인 대화에서 우문현답까지는 아니더라도 '범문현답(凡問賢答)'은 할 줄 알아야 합니다. 범문현답은 내가 즐겨 쓰는 표현인데 질문은 평범한 것이라도 답변은 멋지게 지혜롭게 하자는 의미입니다.

모범 사례로 원로배우 윤여정 씨의 경우를 소개해야겠습니다. 2021년 제93회 아카데미 여우조연상을 수상하기까지 보여준 그의 명 스피치는 세계적인 뉴스거리가 됐습니다. 아카데미 수상에 이어서 시사주간지 《타임》이 그를 '2021년 세계에서 가장 영향력 있는 100인' 중 한 명으로 뽑았는데 그 바탕에는 그의 화술이 큰 몫을 했다고 믿습니다.

연설만 잘한 게 아닙니다. 대화술 또한 대단한 경지입니다. 여우조연상을 수상한 뒤 LA 총영사관저에서 기자회견이 있었습니다. 이때 기자 한 사람이 질문을 던졌습니다.

"당신에게 지금이 (인생에서) 최고의 순간입니까?"

이건 말 그대로 평범한 질문, 범문입니다. 이런 질문쯤이야 크게 계산하거나 고민할 것도 없습니다. 그냥 궁금한 것을 생각나는 대로 말하면 질문이 됩니다. 이런 질문을 놓고 질문자의 수준을 따질 것도 없습니다. 문제는 대답입니다. 윤여정 씨는 이렇게 대답했습니다.

"난 최고, 그런 말이 참 싫어요. 그냥 최중(中) 하면 안 돼요? 아카데미가 (인생의) 전부는 아니잖아요?"

명대답이고 길이 기억에 남을 '어록'입니다. 여기서 한 가지 알아둘 것이 있습니다. 대답은 꼭 질문에 대답하는 형태로만 나오는 게 아닙니다. 질문이 아닌 일반적인 언급에도 당연히 대꾸를 하게 됩니다. 다시 윤여정 씨로 돌아가보죠. 기자가 말했습니다.

"만나 뵙게 되어 영광입니다."

이건 질문이 아닌 의사표현(언급)일 뿐입니다. 이 말에 윤여정 씨의 대응은 이랬습니다.

"TV만 틀면 나오는 얼굴인데 무슨 영광이에요."

폭소가 터졌음은 물론입니다. 재치 있는 입담, 유머란 이런 것입니다.

이런 대답이 범문현답이요, 사람의 수준과 내공을 보여주는 대응입니다. 이쯤 되면 대화를 할 때 어떻게 대응해야 하는지 그 중요성을 깨달았을 것입니다. 질문은 대화의 시작일 뿐이고, 대화의 끝은 대답으로 완성됩니다. 그리고 대답으로 인해 대화가 살아나기도 하고 죽기도 합니다.

'잘 듣는다는 것'의 진정한 의미

경청의 핵심은 받아들이는 것

앞에서 대화를 구성하는 3요소는 설명(언급), 질문, 대답이라고 했습니다. 그런데 그것이 원활하게 이어지려면 '잘 듣기'가 전제돼야 합니다. 대화라면 질문이든 대답이든 '무엇을 어떻게 말할 것인가'를 떠올리지만 '듣기' 또한 대화의 핵심임은 말할 것도 없습니다. 그래서 화술의 전문가라면 누구나 경청에 대하여 강조합니다. 이것은 소통이나 리더십 혹은 인간관계에서도 다릅니다. 협상도 예외가 아닙니다. 아마 귀가 아프게 들었을 것입니다.

경청이 중요한 이유는 그것을 통해 자신이 해야 할 말을 찾을 수 있음과 동시에 상대의 마음을 얻을 수 있기 때문입니다. 자고로 '이청득심(以聽得心)'이라고 했습니다. 귀를 기울여 잘 들어야 사람의 마음을 얻을 수 있다는 말입니다. 자기의 말을 성의껏 잘 들어주는 사람을 좋아하는 건 인간의 기본 심리이므로 그런 사람과 대화하는 것은 즐겁게 마련입니다.

'경청'을 다룰 때 늘 등장하는 논리가 있습니다. 경청(傾聽)의 '들을 청(聽)' 자를 파자하여 설명하는 것 말입니다. 聽은 耳 + 王 + 十 + 目 + 一 + 心으로 분해가 됩니다. 그것으로 스토리를 만들어서 '왕(王)처럼 큰 귀(耳)를 열고, 열 개(十)의 눈(目)으로 상대를 보듯이 진지한 눈빛으로, 그리고 하나(一) 된 마음(心)으로, 즉 진심으로 듣는 것을 바로 청(聽)'이라고 합니다. 누가 최초에 이렇게 해석했는지 그럴듯합니다. 그런데 우리만 이렇게 '글 장난'을 하는 게 아닙니다.

아들이 미국에서 프랭클린 코비(Franklin Covey)의 '성공하는 사람들의 7가지 습관(The 7 Habits of Highly Effective People)' 프로그램을 공부한 적이 있습니다. 그래서 무엇을 다루는지 궁금해서 그 교재를 봤는데 놀랐습니다. 미국인들도 대화에 있어서 듣기를 강조하는 것은 당연하지만 '들을 청(聽)' 자를 앞서 설명한 대로 파자하여 가르치고 있었기 때문입니다. 동양적 해석에 공감이 갔던 모양입니다.(베스트셀러로 우리에게 익숙한 『성공하는 사람들의 7가지 습관』의 저자는 스티븐 코비인데 왜 프랭클린 코비라고 하는지 의아할 것입니다. 스티븐 코비는 2012년 7월 자전거 충돌사고로 사망했고, 그가 설립한 코비 리더십 센터가 프랭클린 퀘스트와 합병함으로써 '성공하는 사람들의 7가지 습관' 프로그램은 '프랭클린 코비'라는 이름으로 진행됩니다.)

경청의 요령이란 이런 것입니다.

1. 우선 말하는 것을 멈춰라.

2. 시선을 마주쳐라.

3. 상대방에게 당신이 듣기를 원하고 있음을 보여줘라.

4. 주의를 산만하게 하는 요소를 제거하라.

5. 감정이입을 하라.

6. 인내심을 갖고 들어라.

7. 논쟁은 피하라.

8. 화를 내지 마라.

9. 가끔 질문해서 상대의 이야기를 잘 듣고 있음을 나타내라.

10. 우호적인 자세를 취하라.

심지어 1분 동안 말할 때 2분 동안 들어주고 3번 이상 긍정적인 맞장구를 치라는 식의 좀 유치한(?) 요령도 있습니다.

한 가지 유념할 것은 한자 '청(聽)'에는 '허락한다'는 의미가 있다는 점입니다. 그러니까 경청은 단순히 듣는 것이 아니라 화자(話者)의 요구를 받아들이고 허락한다는 숨은 뜻이 있습니다. 우리가 "그 아이는 말을 잘 들어요"라고 말할 때 '잘 듣는다'는 말에는 말하는 사람의 의도를 잘 받아들여 실행한다는 의미가 있는 것과 마찬가지입니다. 귀만 기울이는 것이 아니라 마음까지 기울여서 상대의 의도를 이해하고 받아들여 문제를 해결해야 완전한 의미의 경청이 됩니다.

말한 사람의 의견이 제대로 전달됐는지, 공감했는지 그리고 결과적으로 어떻게 반영되었는지, 그래서 말하는 사람이 목적하는 바가 해결됐는지가 경청의 핵심이라는 말입니다. 듣기는 잘 들었는데 결과는 그대로라면, 하나도 바뀌지 않았다면 그게 무슨 경청이고 대화입니까.

품격 있게 말하는 법

흥미진진하게 말하는 법

웃기지 않아도 재미있게 말하는 요령

대화할 때 재미있고 흥미진진하게 말해서 분위기를 즐겁게 하는 사람이 있는 반면에 무미하고 지루하게 말해서 짜증을 유발하는 사람도 있습니다. 당연히 전자가 말을 잘하는 사람이고, 그런 사람은 대화 상대로 호감을 사고 인기가 있습니다.

우리는 재미있게 말한다고 하면 유머를 떠올리지만 꼭 유머를 구사해야만 사람들이 주의를 집중하는 것은 아닙니다. 같은 말을 하더라도 표현과 말투, 심지어 논리 전개 방식이 달라서 좌중의 주의를 끄는 사람이 있습니다. 이를테면 흥미진진하게 말하는 사람입니다.

그렇다면 왜 어떤 사람은 대화를 지루하게 하는 데 어떤 이는 흥미롭게 하는가? 무엇이 그것을 판가름 나게 하는가? 이에 대해서는 대화를 나누는 장면을 유심히 관찰하면 자연스럽게 해답을 찾을 수 있습니다. 재미있는 화법, 흥미진진 화법의 특징 5가지를 살펴봅시다.

첫째 요령(특징)은 짧은 호흡으로 말하는 것입니다. 설명이나 이야기 전개를 간단하게, 가급적 빨리 이야기의 핵심에 도달하는 화법입니다. 대화를 재미없게 하는 사람을 잘 살펴보세요. 말이 늘어지고 핵심이 아닌 주변 상황에 대한 설명이 깁니다. 별것 아닌 이야기로 시간을 소비하고 막상 클라이맥스가 없거나 있더라도 밋밋합니다. 그러니 대화를 할수록 흥미가 사라지게 됩니다.

두 번째 요령은 실감 나게 말하는 것입니다. 이를테면 스토리텔링 기법을 잘 활용합니다. 상황묘사를 잘하면 현장감 있게 생생하게 말합니다. 그래서 마치 그 현장에 청자가 있는 것 같은 착각을 일으킬 정도가 됩니다. 청자는 이야기 속의 상황을 상상하면서 대화 속으로 빠져들게 됩니다.

이런 화법을 구사하는 사람은 때때로 이야기 속 주인공이 말하는 것을 그대로 흉내 내어 그 주인공의 표정과 몸짓, 말과 행동을 그대로 재현하기도 합니다. 반면에 말을 재미없게 하는 사람은 책을 읽어주는 것처럼 말합니다. 책을 읽어서 웃음을 자아내기란 여간 어려운 게 아닙니다. 거의 불가능하다고 할 수 있습니다.

품격 있게 말하는 법

세 번째 요령은 '결전토정'의 방식으로 말하는 것입니다. 우리는 흔히 논리적인 글이나 말을 생각하면 자연스럽게 '기승전결'을 떠올립니다. 학생 때부터 기승전결이라는 말을 자주 접했기 때문입니다. 그러다 보니 대화를 할 때도 부지불식간에 기승전결로 이야기를 풀어갑니다. '기승전결'식으로 말하는 방식을 '미괄식(尾括式)'이라고 하는데 배경이나 이유, 데이터 등을 제시하면서 결론으로 다가가는 방식입니다. 차분하고 순리적인 구성이기는 하지만 이야기 전개가 장황하게 되고 듣는 이로 하여금 지루함과 짜증을 느끼게 하기 쉽습니다. 대화라는 게 논문을 설명하는 자리는 아니잖습니까.

　대화는 '두괄식(頭括式)'으로 하는 게 좋습니다. 두괄식이라면 취업 면접에서 특히 강조되는 화법으로 결론부터 말하고 그 후에 설명을 하는 방식입니다. 그런데 이렇게 두괄식 대화의 단점은 너무 간단명료해서 재미나 흥미를 높이기가 쉽지 않습니다. 그래서 내가 고안해 낸 방식이 '결전토정'입니다.

　결전토정이란 먼저 '결론'을 말하고 '전개'의 단계를 거치되 그것을 흥미롭게 뒷받침할 이야깃거리 즉 '토픽(topic)'을 이야기하며 단순한 이야기를 넘어 상대의 귀가 솔깃할 '정보'를 담자는 주장입니다. 물론 모든 대화가 이렇게 공식에 따라 전개되지는 않지만 결전토정의 방식으로 대화를 구성하면 훨씬 흥미진진하고 상대가 귀를 기울이는 대화가 될 것입니다.

네 번째 요령은 자랑이나 성공담보다는 부족함이나 실패담이 좋다는 것입니다. 대화를 하다 보면 많은 이들이 부지불식간에 자기 자랑을 늘어놓게 됩니다. 어려운 상황에서 어떻게 성공했는지를 떠벌립니다. 그러나 분명한 사실은 그럴수록 듣는 이의 관심은 멀어집니다. 때로는 마음속으로 야유를 보낼 수도 있습니다. 그런 이야기가 길게 늘어지면 흥미는 사라지고 짜증이 납니다. 질투와 시샘으로 배가 아플 수도 있겠습니다.

반면에 자신에게 어떤 부족함이 있는지, 그리고 살아오면서 겪었던 실패담을 말해보세요. 이야기가 자연히 흥미진진해집니다. 듣는 사람도 자연스럽게 귀를 쫑긋하게 되고 그 솔직함에 호감을 갖게 됩니다.

다섯 번째 요령은 듣는 이들의 관심과 흥미를 빨아들이는 에너지를 방출해야 한다는 것입니다. 건성으로 말하면 듣는 이도 건성으로 듣습니다. 청자를 웃기거나 맞장구를 치거나 관심을 집중하도록 만들려면, 말하는 사람이 그에 상응하는 에너지를 방출해야 합니다. 에너지를 방출한다는 것은 열정을 갖고 말해야 한다는 뜻입니다. 그러면 자연히 말에 힘이 들어가고 말투에 흡인력이 발생합니다. 그럼으로써 상대를 자신의 대화 속으로 빨아들이는 것입니다. 즉 주의를 집중하게 합니다.

지금까지 설명한 5가지를 적절히 활용한다면 유머를 구사하지 않고도 말을 재미있고 흥미롭게 할 수 있습니다. 이런 요령은 오십, 아니 그보다 더 일찍 버릇 들일수록 좋습니다. 늦으면 늦습니다.

품격 있게 말하는 법

꼰대에게서 배우는 반면교사

지루하게 말하는 사람의 특징 4가지

"아버지! 말씀을 지루하게 하지 마세요."

아들과 대화를 나누는데 불쑥 그렇게 말합니다. 약간의 충격이었습니다. 내 딴에는 화술을 연구하고 강의하는 사람답게(?) 상대를 배려하며 짧게 말하는 편이라고 생각하기 때문입니다. 아니, 짧은 건 그렇다 치고 지루하지는 않을 것이라는 확신이 있었습니다. 더구나 그날은 꽤 흥미진진하게 이야기한다고 여겼는데 지루하다고?

"내 말이 지루하냐? 어떤 면에서 그렇지?"

나의 문제점을 파악할 수 있는 좋은 기회다 싶어서 질문을 던졌더니 기다렸다는 듯이 한마디 툭 던집니다.

"결론부터 말하세요."

아마도 서론이 길었던 모양입니다. '결론부터 말하라'는 아들의 지적이 며칠 동안 귓전을 맴돌았습니다. 당연한 상식이요 '결전토정'의 공식까지 만든 사람인데 그러지 못했던 것입니다. 역시 실천은 어렵습니다. 나이 들면서 '꼰대의 화법'이 몸에 뱄던 모양입니다.

젊은이들이 나이 많은 사람과 대화를 나누기를 싫어하는 이유의 하나가 바로 지루하게 길게 늘어뜨려서 말하는 것입니다. 그런 사람일수록 밑도 끝도 없이 말이 많습니다. 그러니 지루함이 배가됩니다. 고역입니다.

아들의 지적 덕분에 나 자신을 돌아보며 꼰대의 지루한 화법에서 반면교사로 삼을 것을 골라봤습니다. 여러 가지가 있겠지만 4가지의 특성을 발견하게 됩니다. 역시나 기억하기 쉽게 특징들의 첫 글자를 따서 '기·말·고·시'로 공식을 만들었습니다. 이것은 꼰대의 화법이자 특징입니다. 학기말 시험을 떠올리면 됩니다. 이를 반면교사로 삼아 당신은 어떤지 체크해보세요. 대화를 할 때마다 이들 특징(조건)을 떠올려보며 걸리지 않도록 조심하면 됩니다.

첫째 특징은 '기승전결'로 말한다는 것입니다. 이 부분은 바로 앞 장에서 언급한 바 있습니다만 조금 더 설명을 이어가겠습니다. 우리는 "결론부터 말하라"는 요령을 잘 알면서도 부지불식간에 기승전결로 이야기를 풀어갑니다. 이것은 꼰대 화법의 특징이기도 합니다.

그날 아들과의 대화가 그랬습니다. "왜, 노후에 전원주택을 꿈꾸시느냐?"는 질문에 "며칠 전, 어떤 사람을 만났는데 옛날 직장생활을 할 때 함께 근무했던 사람에게 소개를 받은 사람이거든…" 하는 식으로 도입부터 장황한 설명을 이어가니 지루할 수밖에요.

"서울 생활이 싫어져서 그런다"라고 결론부터 말하면 "노후가 될수록 오히려 도시에서 살아야 한다던데요?"라는 반응이 나오겠지요. 그러면 또 보충 설명을 결론부터 말하고, 이런 식이 돼야 이야기가 지루하지 않습니다.

둘째는 말을 독점하고 말이 많다는 것입니다. 꼰대일수록 할 이야기가 많습니다. 세상을 오래 살았으니까요. 그래서 대화를 독점하고 말을 많이 합니다. 대화란 이야기를 주거니 받거니 하는 것입니다. 그런데 어른들은 짧게 설명하면 상대방이 이해하지 못할 거라고 생각합니다. 중언부언하면서 장황하게 묘사하니 말이 길어지고 많아집니다. 당연히 상대는 지루하게 느낍니다.

셋째는 고리타분한 이야기를 한다는 것입니다. 꼰대들의 '라테 화법'이 이에 해당합니다. 새로운 정보도 아닌, 요즘 트랜드에 맞는 것도 아닌 케케묵은 옛날이야기, 별 볼 일 없는 사례, 이미 다 알고 있는 것, 공통의 관심사가 아닌 것을 자기 혼자서만 신이 나서 말하니 지루할 수밖에 없습니다.

친구 중에 그런 이가 있습니다. 내가 골프를 치지 않는 것을 잘 알면서도 만나면 지난주에 골프 치던 이야기부터 늘어놓습니다. 뭐가 그리 재미있는지 자신이 어느 홀에서 절묘한 공을 쳤다는 둥(골프 전문용어라서 나는 기억도 못 합니다), 이쯤 되면 하품이 나올 지경입니다.

넷째는 시간 개념이 없다는 것입니다. 꼰대들은 시간 가는 줄 모르고 말을 길게 합니다. 좋은 대화란 말하는 사람이 아니라 듣는 사람이 시간 가는 줄을 몰라야 합니다. 그래야 즐거운 대화입니다. 말하는 사람의 5분과 듣는 사람의 5분은 다릅니다. 1분쯤 말하고 상대의 반응을 보면서 말을 계속 이어가거나 끊어야 합니다.

자, '기·말·고·시'에 여러분의 화법을 대입해보고 점검해봅시다. 고칠 것은 고쳐야 품격 있는 대화의 고수가 될 수 있습니다. 그래야 점점 나이가 들어가도 꼰대라는 지적을 받지 않게 됩니다. 뿐만 아니라 후배는 물론이고 모든 사람이 당신과 대화 나누기를 좋아할 것입니다.

"자기만 말하면 누군가를 지루해하고 있다는 것을 반드시 알아야 합니다."

— 헬렌 걸리 브라운(Helen Gurley Brown, 미국 《코스모폴리탄》 전 편집장이자 작가)

링컨에게서 배우는 유머 원칙

역사적 인물 중에 유머의 고수를 찾으라고 하면 미국의 링컨 대통령이 꼽힙니다. 미국 공화당의 대통령 후보였던 밥 돌 상원의원은 『대통령의 위트(Great Presidential Wit)』라는 책을 써서 유머 감각으로 미국의 역대 대통령의 순위를 매긴 적이 있습니다. 이때 배우 출신인 레이건 대통령(2위)을 누르고 1위를 차지한 사람이 바로 링컨입니다. '가장 위대하고 가장 재미있는 대통령'이라는 찬사와 함께.

특히 링컨의 유머는 대화 유머의 모범으로 삼을 만합니다. 링컨은 우리가 늘 보는 근엄한 털보 아저씨의 이미지와 달리 농담도 잘하고 형편없는 말장난도 즐겼습니다. 재미있는 이야기를 생생하게 들려주는 재주가 있어서 사람들을 엄청 웃겼습니다.

한 가지 중요한 것은 그렇게 유머를 하면서도 결코 타인의 불행을 소재로 삼거나 남을 불쾌하게 하는 유머는 구사하지 않았다는 점입니다. 그의 유머 대부분은 자기 자신, 특히 못났다고 남들이 흉봤던 자신의 얼굴을 소재로 삼았습니다. 이를테면 '셀프 디스 유머'입니다. 링컨으로부터 유머를 어떻게 구사하는지 한 수 배우시죠. 유머에도 원칙과 품격과 철학이 필요합니다.

품격 있는 유머 구사를 하려면

'웃기는 사람'이 되지 않는 법

유머 구사는 재미있고 흥미진진하게 말하는 요령 중 단연 으뜸임과 동시에 대화뿐만 아니라 세상살이의 성공 비결이기도 합니다. 세계적인 기업 카운슬러인 데브라 밴턴은 최고경영자들의 성공 비결을 분석한 『최고경영자처럼 생각하는 법(How to think like a CEO)』이라는 책에서 '유머감각'과 '이야기를 재미있게 하는 것'을 성공한 CEO들의 공통된 특징으로 꼽았습니다. 여성으로 CNN 부사장 자리에 오른 게일 에반스도 『남자처럼 일하고 여자처럼 승리하라』에서 '유머감각'을 '성공의 14가지 법칙' 중 하나로 꼽았습니다. 이처럼 유머의 중요성을 강조한 사람은 세계적으로 유명한 사람만 꼽아도 셀 수 없을 정도로 많습니다. 그만큼 유머는 '상식'이라는 말입니다.

그럼 어떻게 유머를 잘 구사하는 사람이 될 수 있을까요? 나는 이미 유머 기법에 관한 책을 네 권 정도 썼기에 사람들로부터 어떻게 하면 유머리스트가 될 수 있는지 요령을 알려달라는 요청을 종종 받습니다. 솔직히 말해서 책을 읽어서 유머 능력이 갑자기 향상되기는 어렵습니다. 이는 생활을 통해 자연스럽게 훈련하고 터득해야 합니다.

무엇보다 유머에 대한 지나친 기대나 환상을 버려야 합니다. 좌중의 사람들이 배꼽을 쥐며 박장대소해야 유머로 생각하거나 꼭 폭소를 이끌어야 유머리스트라고 생각하는 것은 잘못입니다. 그렇게 되면 유머를 구사하기가 어려워집니다. 웬만해서는 유머라고 인정하지 않을 테니까 말입니다.

유머의 폭은 상당히 넓습니다. 오히려 격렬한 유머보다 잔잔한 유머가 대화에서 구사하기도 쉽고 효용도 높습니다. 폭소를 유발하는 유머를 자주 사용하면 남들을 웃기는 것에 성공할 수는 있지만 자칫하면 격이 떨어지고 정말로 웃기는 사람이 될 수도 있습니다. 음담패설을 자칫 잘못 구사했다가는 성희롱이 되어 패가망신할 수도 있습니다.

그럼 어떻게 하면 좋을까요? 코미디언이 되어 웃기려면 수많은 요령을 훈련해야 하겠지만 대화 상대로서 유머리스트로 인정받으려면 그렇게 용을 쓸 필요가 없습니다. 몇 가지 원칙만 마음에 담고 실천하면 됩니다.

　무엇보다도, 유머를 구사할 때는 반드시 '선의의 생각'이 전제되어야 합니다. 소위 유머리스트라는 사람들 중에는 남을 비하하고 비웃고 아프게 하고 약점을 헤집고 비밀을 누설하는 방식으로 남을 웃기는 사람이 적지 않습니다. 소위 '독설 유머'입니다.

　내가 아는 사람 중에 자칭 유머리스트라는 사람이 있습니다. 대화를 나눌 때 웃기는 이야기를 자주하고 좌중의 폭소를 곧잘 이끌어냅니다. 그런데 이상하게도 그를 싫어하는 사람들이 적지 않습니다. 그 이유는 역설적이게도 유머 때문입니다.

　그의 유머는 좌중의 누군가를 표적으로 삼습니다. 그리고는 부정적인 독설 유머를 구사합니다. 그의 유머에서는 유머로 포장된 '말의 비수' 같은 것을 느낍니다. 그는 유머리스트라기보다 독설가라고 하는 게 맞습니다.

　언젠가 '그런 식으로 말하지 말라'고 은밀히 충고한 적도 있지만 아직도 그 버릇을 고치지 못하고 있습니다. 말버릇을 고치는 것은 참으로 어려운 것 같습니다. 왜냐면 말은 단순한 언어적 표현이 아니라 인품의 표현이고 사고방식의 표현이기 때문입니다.

　또 하나 말해둘 것은 지나친 유머를 삼가라는 것입니다. 나의 지인 하나는 입담 좋기로 소문난 사람이라 사람들을 잘 웃깁니다. 유머리

스타라고 해서 손색이 없습니다. 인간성도 참 좋은 사람입니다. 그런데 문제는 지나치게 말이 많다는 점입니다. 유머 실력을 과시하고 싶은 생각이 있어서겠지만 밑도 끝도 없이 계속해서 웃기려고 듭니다. 말로만 웃기는 게 아니라 손짓, 발짓까지 동원하여 하여튼 최대한 웃깁니다.

유머의 내용이 상대방을 공격하거나 비방하는 것은 아닙니다. 내용도 그런대로 쓸 만한 것들이 있습니다. 그러나 그가 그렇게 공을 들여서 쉴 새 없이 웃기는 결과는 무엇입니까? "참 싱거운 사람"이라는 평가가 돌아올 뿐입니다. "너무 입이 가볍고 채신머리없다"라는 평가도 덧붙습니다.

이렇듯 유머라고 다 좋은 것은 아닙니다. 유머가 유머다우려면 유머로서의 기준에 부합해야 합니다. 주위 사람들을 웃긴다고 다 유머가 되는 것은 아닙니다. 웃김으로써 정말 부정적 의미의 '웃기는 사람'이 되는 경우가 얼마나 많던가요.

이렇게 되면 왜 유머를 해야 하는지 목적이 헷갈리게 됩니다. 자기 자신을 추락시키기 위하여 유머를 구사하는 것은 아니지 않습니까? 자신의 가치와 품격을 높이기 위해 유머를 구사하는 것입니다. 지나친 유머는 부족한 것만도 훨씬 못합니다. 과유불급입니다. 유머를 구사하되 과해서는 안 됩니다.

유머는 여유이며 넉넉함입니다. 유머는 개그(gag)나 코미디

(comedy)와는 원래 다른 것입니다. 오히려 번득이는 재치나 기지를 의미하는 위트(wit)와 비슷합니다. 은근한 웃음을 이끌어내면 그게 유머요, 때로는 표정에 나타나지 않고 마음속에 나타나는 흥미요, 재미일 수도 있습니다. 때로는 매우 은근한 것이어서 조금 둔감한 사람은 그것이 웃기는 것인지조차 모르고 지나칠 수 있습니다.

나는 유머를 색다르게 규정한 적이 있습니다. '유머'의 글자를 따서 정의했는데, 유머란 '유연하게 머리를 써서' 사람들이 미소 짓게 하는 것이지, '유치하고 머저리 같은 말이나 행동으로' 웃음을 이끌어내는 게 아니라고요. 이렇게 유머의 기준을 바꿔야 유머가 쉽게 다가옵니다. 누구나 코미디언이 될 수는 없지만 유머리스트는 될 수 있습니다.

품격 있게 말하는 법

이럴 땐 차라리 입을 다물자

침묵의 지혜를 발휘해야 하는 경우

대화는 소통입니다. 침묵은 금이라지만 현실에서는 표현이 금인 경우가 많습니다. 말이 없는 사람은 별로 재미가 없습니다. 자칫하면 자신감이 없는 사람처럼 보일 수도 있고 심하면 왕따를 당할 수도 있습니다. 심지어 연애는 물론 결혼하기도 힘들지 모르겠습니다.

그럼에도 불구하고 침묵할 때가 있게 마련입니다. 그럴 땐 당연히 침묵해야 합니다. 입을 다물어야 합니다. 침묵의 지혜를 발휘해야 합니다.

그럼 어떻게 침묵의 지혜를 배울 수 있을까요? 요령은 간단합니다.

의도적으로 입을 닫으면 됩니다. 굳은 의지로 침묵하는 것입니다. 입을 열어 혀를 자유롭게 풀어줄 때를 아는 것 이상으로 단호하게 입을 닫아 침묵할 때는 침묵해야 합니다. 세계적인 리더십 전문가 존 맥스웰은 "리더에게는 1분 동안 생각하는 것이 1시간 동안 말하는 것보다 훨씬 더 가치 있을 수 있다"라고 말했습니다. 이게 리더만의 덕목은 아닙니다. 누구나 마찬가지입니다. 말을 많이 하려고 하기보다 입을 닫고 생각을 많이 해야 합니다.

그렇다고 항상, 무조건 침묵하며 생각만 하라는 것은 아닙니다. 말할 때와 말하지 않을 때를 잘 가리라는 것입니다. 그것을 구분하는 것은 상황에 따라 판단할 수밖에 없습니다.

판단할 상황은 이루 말할 수 없이 많지만 다음과 같은 경우는 침묵하는 게 지혜입니다.

첫째, 말 같지 않은 소리를 하는 사람을 상대할 때입니다.

이런 우화가 있습니다. 옛날에 어느 고을에서 두 사람이 서로 자신이 옳다며 싸움이 붙었습니다. 이유는 다름 아니라, 4 곱하기 7의 정답을 놓고 서로 우겼기 때문입니다. 한 사람은 $4 \times 7 = 27$이라고 했고, 다른 한 사람은 28이라고 했습니다.

논쟁이 격렬해지자 고을 원님을 찾아가 누가 정답을 말한 것인지 가리기로 했습니다. 두 사람의 주장을 들어본 원님은 한심하다는 표정으로 둘을 쳐다본 뒤 이렇게 판결했습니다.

"4×7=27이라고 답한 놈은 풀어주고, 28이라고 답한 놈은 곤장을 열대 쳐라!"

곤장을 맞게 된 사람이 원님에게 항의했습니다.

"왜 제가 곤장을 맞아야 합니까?"

그러자 원님이 명쾌하게 답했습니다.

"4×7=27이라는 저런 인간 같지도 않은 놈과 다투는 네가 더 나쁜 놈이기 때문이니라."

사람 같지도 않은 이가 말 같지도 않은 말을 늘어놓고 괜히 시비를 걸거나 무조건 삐딱하게 악플을 다는 사람과는 섞이지 않는 게 장땡입니다. 대꾸하지 말고 침묵해야 합니다. 그것이 상대에 대한 핀잔이요, '정당한 반격의 욕설'입니다.

둘째는 화가 잔뜩 났을 때입니다. 화날 때 화를 내는 것은 정상입니다. 문제는 분노한 상태에서는 머리가 정상적으로 돌아가지 않는다는 사실입니다. 따라서 화가 잔뜩 났을 때 말을 하게 되면 우선 말의 속도가 빨라지고 목소리가 커집니다.

이렇게 흥분된 상태에서는 용어의 선택이 빗나갈 수 있고 쓸데없는 말, 극단적인 말을 할 확률이 높아집니다. 실언의 위험성이 매우 높아집니다. 그러니 크게 후회할 일이 벌어질 수 있습니다. 품격을 망치는 것은 당연하고요.

그런 상황에서는 대화를 하지 않는 게 좋습니다. 빨리 그 자리를 벗어날 필요가 있습니다. 그런데 형편상 계속 상대방과 자리를 함께할 수밖에 없다면 침묵하는 게 상책입니다. 말을 하면 할수록 늪에 빠질 확률이 높습니다. 일단 침묵하면서 시간을 벌어보세요. 그러다 보면 감정이 누그러질 것이고 이성을 찾게 됩니다. 그다음에 말해도 늦지 않습니다.

셋째는 난처한 상황에 직면했을 때입니다. 예컨대 좌중의 분위기가 누군가에 대한 험담을 하는 상황이라면 어쩌겠습니까. 누군가의 편을 들 수도 없고 그렇다고 험담의 대상자를 옹호하기도 난처합니다. 이럴 때는 점잖게 침묵하면 됩니다.

오해를 샀을 때도 때로는 침묵이 지혜가 될 수 있습니다. 사람들은 대부분 자기가 생각한 대로 말하고 본 대로 판단합니다. 그것이 최선이요, 진리인 줄 압니다. 대부분이 옹고집입니다. 그런데 오해를 사고 있다면? 물론 처음에는 당연히 해명할 것입니다. 그런데도 상대가 계속해서 몰아붙인다면? 차라리 침묵하는 게 좋습니다.

그러면 오해를 인정해주는 게 된다고요? 그럴 수도 있지만 조금 길게 봐야 합니다. 그 자리에서 발버둥 쳐봤자 받아들여지지는 않고 점점 더 스텝이 꼬입니다. 늪에 깊게 빠질 수 있습니다. 그러니 일단 오늘은 더 이상 변명하지 않겠다고 선언하고 침묵 모드로 전환하는 게 낫습니다. 침묵으로 다음을 기약하는 게 좋습니다. 진실은 시간이 지

품격 있게 말하는 법

나면 자연히 밝혀지게 됩니다.

"나는 말한 것을 후회한 적은 있지만 침묵을 지켰던 것을 후회해본 적
은 한 번도 없습니다."

— 알베르 카뮈

품격이 돋보이는 침묵

과묵은 스타일, 침묵은 전략

오십쯤 되면 직장에서 리더의 반열에 들어가는 연배입니다. 과장이나 팀장을 넘어 부장이나 임원 등의 주요 간부인 경우가 많습니다.

사람이란 참 묘해서, 이렇게 입장(지위)이 달라지면 젊었을 때 손가락질 하던 꼰대의 관문을 스스로 넘게 됩니다. 그중 하나가 말이 많아지는 것입니다. 그러니까 리더로 시작되는 시점부터 말버릇을 잘 들여야 합니다. 더구나 오십쯤 됐다면 버릇을 넘어 품격 있는 언행이 체질화되어야 합니다.

일반적으로 나이가 들고 리더가 되면 말이 많아집니다. 우선 팔로워 때보다 말할 기회가 더 생길뿐더러 리더는 결국 말로 리드하기 때문입니다. 그 밖에도 말을 많이 할 이유가 여럿 있습니다. 무엇보다 나이가 들다 보니 경험이 많고 에피소드가 많으며 정보 또한 많습니다. 인풋(In put)이 있으면 아웃풋(Out put)을 하게 마련입니다. 머리에 들어간 것이 많으면 입으로 나오게 되어 있습니다. 그러니 말을 많이 쏟아내게 됩니다.

또한 간부가 되면 염려와 걱정이 많습니다. 팔로워에 비하여 넓게 보고 크게 생각하기도 하지만 무엇보다도 책임을 져야 하므로 항상 노심초사합니다. 팔로워의 입장에서 보면 괜한 걱정까지 사서 합니다. 그러니 잔소리가 많고 말이 많을 수밖에 없습니다.

나이 든 리더가 말이 많은 또 하나의 이유는 팔로워를 낮추어보기 때문입니다. 그래서 자꾸 팔로워를 가르치려 합니다. 이것저것 세세한 것까지 간섭합니다. 거기에 권위 의식까지 가세하면 마치 세상사의 심판관이라도 된 듯 단호한 어조로 장광설을 펼치기에 십상입니다. 이래저래 말이 많을 수밖에 없습니다.

멋진 리더라면 전략적으로 침묵할 수 있어야 합니다. 전략적이라니까 거창해 보이는데 별 게 아닙니다. 의도적, 계획적으로 침묵해야 한다는 말입니다. 소통을 강조하기 전에 팔로워들이 말을 많이 하도록 하는 리더가 멋진 리더요, 유능한 리더입니다.

리더에게 있어 말을 잘하는 것은 양의 문제가 아니라 질의 문제입니다. 리더로서 쓸데없이 말이 많은 것은 약점입니다. 다변 스타일이 왜 약점인지는 당신의 상사를 떠올려보면 금방 답이 나옵니다. 말을 많이 하는 리더가 어떻게 보이던가요? 쏟아내는 말이 많을수록 그것에 비례하여 리더로서의 권위는 떨어집니다. 그러니 괜히 에너지를 낭비하지 말고 말수를 줄일 필요가 있습니다. 때로는 침묵 모드로 리드하는 법을 배워야 합니다.

리더로서 언변이 뛰어난 스타일이라면 그건 축복입니다. 그러나 지나치면 부족한 것만 못합니다. 오히려 언변이 뛰어날수록 '침묵의 언어'를 사용할 줄도 알아야 합니다. '뛰어난 언변'에는 침묵도 포함된다는 사실을 깨달아야 합니다. 리더로서 다변 스타일이냐 과묵 스타일이냐를 떠나 말을 하고 싶은 리더의 속성을 극복해야 합니다. 그래야 멋진 리더입니다.

전략적 침묵에는 또 하나의 형태가 있습니다. 요즘은 이직을 많이 해서 경력직의 신입사원이 많습니다. 설령 오십의 나이에 팀장급으로 스카우트됐다 하더라도 회사 입장에서는 신입사원인 셈입니다. 리더급 신입사원이죠. 이때는 새로운 차원에서의 전략적 침묵이 필요합니다.

나는 평소에 100일의 의미를 각별하게 생각합니다. 어린아이가 태어난 후 백일잔치를 하는 뜻은 그쯤 되면 갓 태어난 인간으로서 이런

저런 고비를 넘기고 세상에 적응하기 시작했음을 축하하는 것입니다.

직장생활도 마찬가지입니다. 아무리 다른 직장에서 다년간 일한 간부급이라도 신입사원이 되면 100일 정도, 즉 3개월 정도는 신중하게 회사를 파악하고 사람을 파악하며 실수 없이 적응할 기간이 필요합니다. 실제로 신입사원이 회사에 적응하는 데 대략 3개월이 걸린다는 설문조사도 있습니다. 그 정도 기간이 흐르면 생소했던 업무도 어느 정도 손에 잡히고 주위 사람들과도 안면을 트게 됩니다. 뿐만 아니라 회사와 상사, 동료 등 주변 인물과 환경에 대한 나름의 평가도 내려집니다. 회사의 입장에서도 그 정도 기간이 지나면 새로 들어온 사람에 대한 1차 평판이 형성됩니다.

이런 기간에 말을 많이 하는 것은 득이 아니라 독이 될 확률이 높습니다. 침묵함으로써 신중한 인상, 믿을 만한 인상을 주게 됩니다. 거꾸로 생각하면 금방 답이 나옵니다. 신입사원이 말이 많다면 어떻게 볼까요? 활기차고 열정적이라고 할까요? 섣부르고 가벼운 사람으로 평가될 확률이 높습니다. 범 무서운 줄 모르는 하룻강아지의 행태로 보일 수 있고 교만함으로 평가받을 수도 있습니다. 따라서 한동안 침묵하는 것이 전략적인 태도입니다. 적어도 100일 정도는 입을 다물고 상황을 지켜보세요. 그것이 품격입니다.

'신입의 전략적 침묵'을 생각하면 링컨이 떠오릅니다. 링컨이 신입사원은 아니지만 대통령에 처음 됐을 때는 신입인 셈이죠. 앞에서 소개한 대로 링컨은 입담이 좋았던 사람입니다. 유머와 재치 또한 탁월했습니다. 그러나 그는 말하는 것의 중요성을 아는 것 이상으로 침묵의 위력을 알았습니다. 1861년 11월, 대통령 당선 통보를 받자 링컨은 갑자기 거의 침묵에 가까울 정도로 말을 아꼈습니다. 대통령 당선 이후 취임 초반까지 최소한의 감사 인사 외에는 침묵으로 일관했습니다.

새로운 대통령이 탄생했으니 주위에 많은 사람이 몰려드는 것은 당연지사. 이럴 때 웬만한 사람이면 당선의 흥분에 마음이 들떠서 말을 많이 하게 됩니다. 주로 자신의 정치 소신과 앞으로의 계획을 말할 것입니다. 그러나 그는 입을 열지 않았습니다. 대통령 후보였을 때와 대통령이었을 때는 말의 무게가 전혀 달라서 말 한마디가 일파만파의 뜻하지 않은 결과를 초래할 수 있음을 알기 때문입니다. 리더라면, 아니 누구라도 링컨에게서 말할 때와 침묵할 때의 지혜, 전략적 침묵을 배워야 합니다.

과묵은 개성이고 스타일이지만 침묵은 전략입니다. 침묵은 무엇보다도 자신의 속내를 드러내지 않기에 전략적입니다. 침묵하면 주위 사람들이 그의 속내를 파악하지 못함으로 함부로 대하지 않습니다. 이건 말하지 않고도 권위와 무게를 높이는 방법이 됩니다.

그렇다고 항상, 무조건 침묵하라는 것은 물론 아닙니다. 말할 때와 말하지 않을 때를 잘 가려 전략적 스킬로 활용하자는 말입니다. 발타

품격 있게 말하는 법

자르 그라시안은 『영웅론(The Hero)』에서 "속내를 드러내는 것은 적에게 무기를 내어줘 우리를 정복하게 하는 것과 같다"라고 했습니다. 그러기에 남에게 정복당하지 않기 위해서라도 침묵은 필요합니다. 전략적으로.

"침묵하라. 아니면 침묵보다 더 가치 있는 것을 말하라."

— 피타고라스

앙겔라 메르켈에게서 배우는 침묵

링컨의 침묵이 전략이었다면 기질적 과묵으로 침묵한 사람은 앙겔라 마르켈입니다. 16년 동안 총리로 일하면서 독일을 유럽의 맹주로 부상시킨 메르켈. 독일 안팎에서 그녀에 대한 찬사가 쏟아집니다. 세계적인 지도자로 영원히 기록될 것입니다. 메르켈은 최초의 여성 총리이자 동독 출신 총리이며 과학자 출신의 총리였습니다. 그는 자랑을 앞세우지 않고 당면 과제를 유연하게 해결하는 '무티(엄마) 리더십'의 상징이기도 했습니다.

한편 그는 침묵의 리더십을 발휘한 사람이기도 합니다. 『위기의 시대 메르켈의 시대』를 쓴 언론인 슈테판 코르넬리우스는 메르켈 리더십의 특징을 침묵, 행동, 통합이라고 했습니다. 실제로 그는 매우 비밀스럽고 과묵한, 수수께끼 같은 정치인이라는 평가를 받습니다. 그의 과묵한 기질은 공산주의 국가였던 동독에서 살면서 얻어진 기질일 것이라고 하는데, 메르켈 자신도 "침묵할 줄 아는 능력은 구동독 시절에 얻은 아주 큰 장점이다. 생존 전략 중 하나다"라고 언급하기도 했습니다. 원래 침묵 속에 파워가 있는 것입니다. 따라서 품격 있는 화술을 고려하는 사람이라면 메르켈의 침묵이 갖는 의미를 깊이 음미해볼 필요가 있습니다.

3부

"50

입으로 망하지 않으려면

"질병은 입을 좇아 들어가고 화근은 입을 좇아 나온다."

— 태평어람

언격을 위해 꼭 지켜야 할 법칙 '3독'

대화의 기피 인물이 되지 않으려면

대화를 할 때 마음속에 담아야 할 기준은 많고도 많습니다. 이 책의 내용 거의 모두가 그렇다고 해도 과언이 아닙니다. 그중에는 대화에 성공하기 위한 요령도 있고, 때로는 대화에 실패하지 않으려면 어떻게 해야 할지에 관한 소극적인 요령도 있습니다. 어느 쪽이든 그것을 모두 기억해내며 대화할 수는 없습니다. 대화란 즉석에서 주거니 받거니 하는 것인데 머릿속에서 대화의 요령을 떠올려가며 바둑돌 놓듯이 말할 수는 없습니다.

사정은 그렇지만 간단한 몇 가지 덕목은 마음속에 담고 대화에 임하는 것이 좋습니다. 앞에서도 몇 가지를 소개했듯이 나는 꼭 필요한 요령 또는 원칙을 기억하기 쉽게 만들어 제공합니다. 삐딱하게 보면 말장난이라 할 수도 있지만 '꿩 잡는 게 매'라는 믿음에서 그렇게 합니다. 구슬이 서 말이라도 뭐 합니까, 꿰어야 보배가 되듯이 아무리 이론과 기법이 많아도 실제로 꼭 필요한 몇 가지를 기억하고 적용하는 게 중요합니다. 그것만이라도 마음에 담아 실천하면 꽤 괜찮은 화술의 소유자가 될 수 있다고 확신합니다.

그런 정도를 기억하는 노력도 하지 않고 말을 잘하겠다면, 그건 불가능합니다. 이번에 소개할 요령은 '3독'입니다. 이것은 화려한 언변을 구사하지는 못하더라도 최소한 상대에게 대화하기 싫은 사람, 기피인물로 찍히는 것은 피하는 요령입니다. 성공은 못 해도 실패까지 할 필요는 없지 않습니까. 품격 있는 사람이 되기 위한 좋은 기준이 될 것입니다

첫 번째 '독', 독점하지 말라.

밑도 끝도 없이 대화를 독점하며 혼자 떠드는 것은 정말 징그럽습니다. 얼마 전, 식당에서 옆의 식탁에 앉아 있던 젊은 여성. 친구들과 어울려 대화를 하는데, 목소리의 높낮이도 없이 일정한 톤으로 쉴 새 없이 말하고 있었습니다. 다른 사람이 비집고 들어갈 틈이 없을 정도로 숨도 쉬지 않고 말하는 듯합니다. 대단한 입담입니다. 나는 속으로

쾌재를 불렀습니다. 좋은 사례를 발견했으니까요.

그런 식으로 말하는 것이 좋은 화술이 아님은 물론입니다. 다들 잘 알고 있습니다. 그런데도 말 꽤나 한다는 사람 중에 그렇게 말하는 사람이 의외로 많습니다. 제발이지 대화할 때는 독점하지 마세요. 강조하지만 대화란 주거니 받거니, 티키타카 하는 것입니다.

두 번째 '독', 독선하지 말라.

자기주장만 옳다고 핏대 올리지 마세요. 대화란 적당히 주장하고 적당히 타협하는 것입니다. 설령 상대가 좀 빗나간 말을 하거나 의견이 다른 말을 하더라도 일일이 따져가며 옳고 그름을 심판관처럼 말하면 누가 좋아하겠습니까. 그건 잘난 것도 아니고 탁견을 가진 것도 아닙니다. 특히 정치에 관한 이야기를 할 때 독선적인 사람을 많이 보게 됩니다. 우냐 좌냐에 따라 상대를 아예 적군 대하듯이 눈까지 부라리며 핏대를 올립니다. 자기 생각만 옳다고 하면 자연스럽게 독선에 빠지고 결국 불통이 됩니다. 고집불통.

세 번째 '독', 독설하지 말라.

"성질이 그러니까 이혼했지!"

"성깔이 그러니 승진을 못 했지!"

대화 중에 상대방에게 밀린다 싶었는지 그렇게 쏘아붙이는 사람을 봤습니다. 이쯤 되면 막 나가자는 것입니다. 같은 말을 해도 독하게 말하는 사람이 있습니다. 상대에게 상처가 되도록 아프게 찌르는 사람이 있습니다. 인상과 어조에서부터 독기가 묻어나옵니다. 대화는 말을 부드럽게, 내용도 부드럽게 하는 게 좋습니다. 대화에서 당신이 밀린다 싶으면 밀려주는 겁니다. 대화를 나눈다는 것이 생사를 거는 것도, 이기고 지는 게임을 하는 게 아니지 않습니까. 독기를 품고 악다구니 써서 설령 이긴다 한들 결과는 뭡니까? 품격만 깎이고 적만 생기는 것이죠.

아무리 기억력이 좋지 않은 사람이라도 이쯤은 대화할 때 머릿속에 떠올릴 수 있을 것입니다. 이 정도만 실천해도 대화 상대로 손색이 없습니다. 나는 이런 식의 요령을 계속 생산해내며 유튜브를 통해 수시로 소개하고 있습니다. 대화의 요령은 이렇게 간단하고 기억하기 쉬워야 한다고 생각합니다. 보는 사람에게는 별것 아닌 것처럼 생각될지 모르나 내 딴에는 머리 싸매고 끙끙거리며 궁리해낸 귀한 결과입니다. 공식 하나로 대화를 완전히 정복할 수는 없으니 상황에 따라 기억나는 공식을 떠올려 대화에 활용하면 됩니다.

말을 잘하는 것처럼 보이는 기술

천천히 말하기의 7가지 효과

사람들은 모두 자기 나름의 화법을 가지고 있습니다. 그런데도 대화법을 배우자고 하는 것은 조금 부족한 부분을 보충하고 잘하는 부분을 조금 더 강화하자는 것입니다. 대화를 잘 못 한다는 사람도 자세히 분석해보면 사실은 몇 가지의 문제가 발견될 뿐입니다. 화술 책에 나오는 수많은 방법과 요령이 모두 결핍된 사람은 한 사람도 없습니다.

　화술을 배우려는 사람들에게는 한 가지 공통된 소망이 있을 것입니다. 딱 한두 가지만 실천하면 말을 잘하게 될 요령이 없을까 하는 것입니다. 물론 이루지 못할 소망임을 알면서도 두꺼운 화술 책을 읽다

입으로 망하지 않으려면

보면 자연스레 그런 욕구가 생깁니다. 어쩌면 화술에 관해 '이래라, 저래라'는 지시사항(?)이 너무 많아서 화술에 대한 훈련을 포기할지도 모릅니다. 그렇게 성질 급한 사람에게 조언할 것 하나가 있습니다.

'천천히 말하기.'

너무 싱거운가요? 그러나 이 원칙을 지키기가 생각만큼 쉽지 않습니다. 일본의 의사 고바야시 히로유키도 『나는 당신이 스트레스 없이 말하면 좋겠습니다』에서 천천히 말하기를 권합니다. 그는 의학적 원리에 근거하여 말투에 대한 여러 가지를 다루고 있는데 특히 말이 빠르면 호흡이 얕아지고 저산소 상태가 되면서 두뇌 회전이 말의 속도를 따라가지 못한다고 했습니다. 그렇게 되면 실언할 가능성이 커집니다. 생각보다 말이 먼저 튀어나갈 테니까요.

그럼 말을 천천히 하면 어떤 효과가 있을까요? 히로유키가 언급한 것을 포함해 7가지 정도를 꼽아보겠습니다.

첫째, 말을 천천히 하면 목소리가 낮아지고 정중하게 됩니다. 이건 뭐 설명할 필요도 없이 여러분도 충분히 수긍할 것입니다. 반대로 생각해보면 금방 납득이 됩니다. 말을 빨리하면 자연스럽게 목소리가 커지고 경망스럽게 되니까요.

둘째, 말을 천천히 하면 품격 있게 보입니다. 생각해보세요. 지위 높은 사람, 품격있는 사람 중에 말을 빨리하는 사람이 얼마나 있던가요.

그들은 남들이 보기에 폼을 잡는 것처럼 말을 느릿느릿 천천히 합니다. 원래 별 볼 일 없는 사람이 말을 빨리하는 것입니다.

셋째, 말을 천천히 하면 설득력이 높아집니다. 거꾸로 생각하면 이해하기 쉽습니다. 말을 빨리하면 뭔가 조급한 것 같고 후다닥 거짓말로 남을 설득하려는 것 같은 느낌을 줍니다. 말을 빨리 하는 경우와 천천히 하는 경우를 비교해 상상해보세요. 어느 쪽에 신뢰감이 더 갑니까?

넷째, 말을 천천히 하면 감정이 조절됩니다. 말을 빨리 하면 자기도 모르게 감정이 솟구치게 되고, 그러면 말도 더 빨라지는 악순환에 걸립니다. 나중에는 숨이 찰 정도로 씨근덕거리며 말하게 됩니다. 대화하면서 감정이 격해지거나 조급해질 경우 의도적으로 말을 천천히 해보세요. 확실히 감정 컨트롤이 됨을 실감할 것입니다.

다섯째, 말을 천천히 하면 말실수를 줄입니다. 당연하죠. 말을 천천히 한다는 것은 생각하면서 말할 여유를 갖는 것을 뜻합니다. 그러면 단어 하나, 표현 하나라도 곱씹어보면서 그 단어와 표현이 상대에게 어떤 반응을 일으킬지 예상하면서 말하게 될 것입니다. 그만큼 말실수가 적어지는 것은 당연합니다.

여섯째, 말을 천천히 하면 목소리도 좋게 들립니다. 이것은 실질적이고도 심리적인 것인데 천천히 말하면 자연히 목소리가 낮아지기에 같은 목소리라도 품격 있는 좋은 목소리로 느껴지게 됩니다.

일곱째, 말을 천천히 하면 말을 잘한다는 인상을 줍니다. 앞서 열거한 6가지를 다시 살펴보세요. 그것은 곧 말 잘하는 것의 구성요소임을 알게 됩니다. 그러니까 말을 천천히 하는 것만으로도 말을 잘하는 사람이라는 인상을 주게 됩니다. 일단 말을 못한다는 인상만 주지 않아도 성공 아닌가요?

말을 천천히 하라! 매우 상식적인 것 같지만 매우 유용한 규칙입니다. 말버릇이 원래 빠른 걸 어떡하냐고요? 천천히 말하기를 타고난 사람이 아닌 한 처음에는 의식적으로 천천히 말하다가도 나중에는 자신도 모르게 말을 빨리 하는 경우가 많습니다. 그럼 어떻게 한다? 왕도는 없습니다. 말을 천천히 하는 것이 얼마나 효과적인 화술인지를 깊이 인식하고 대화하는 과정에서 수시로 '말을 천천히 하자'고 다짐하면서 말의 속도를 조절하는 수밖에 없습니다. 그것이 습관화될 때까지 말입니다.

'괜한 말을 했구나'

이런 말을 하면 무조건 후회

강의하는 것을 업으로 삼고 있는 사람들이 대화를 나누면 공통적으로 이야기하는 것이 있습니다. 강의를 끝내고 나면 후회가 밀려온다는 것입니다. '오늘 왜 그 말을 했지?', '괜히 쓸데없는 말을 했네'라며 속으로 끙끙 앓는 경우가 많습니다. 때로는 며칠 밤을 잠 못 이루며 '이불킥'을 하기도 합니다. 수십 년간 강의해온 경험으로 말하건대 청중의 환호를 얻기보다 후회를 남기지 않은 강의가 잘된 강의입니다.

대화도 마찬가지입니다. 대화를 끝낸 후 왠지 찜찜하고 '괜한 말을 했구나'라며 후회하는 경우가 많습니다. 마음 여린 사람은 며칠씩 속을 끊이기도 합니다. 이 순간, 잠시 책 읽기를 중단하고 곰곰이 생각해봅시다. 어떤 말을 했을 때 후회가 됐습니까?

후회를 남기는 대화의 내용은 천차만별일 것입니다. 사람마다 후회하는 말을 반복하는 경향이 있습니다. 자신의 약점 등 치명적인 비밀을 말하고 후회하는 사람도 있을 것이고 험담하는 버릇 때문에 속상해하는 사람도 있습니다.

요즘 'TMI'라는 말을 많이 듣습니다. 너무 많은 정보(too much information)라는 의미인데, 꼭 정보가 아니고 굳이 말하지 않아도 될 이야기를 하는 경우입니다. 즉 쓸데없는 말을 많이 하지 말라는 겁니다. 나중에 가슴 치며 후회할 테니까요.

'해서는 안 될 말은 절대로 안 한다.'

이 평범한 규칙을 준수하면 후회는 없습니다.

후회의 요소는 사전에 철저히 차단하는 게 좋습니다. 말 실수를 자주하고 그로 인해 후회하는 경우가 있었다면 옹골차게 결심해서 다시는 후회하는 일이 없도록 스스로 경계를 철저히 해야 합니다.

대화는 하고 나서 즐거운 여운이 남아야지 곧 후회가 밀려온다면 그건 결코 잘된 대화는 아닙니다. 우리가 말하고 나서 후회하는 대표적인 경우 20가지를 골라봤습니다. 어느 부분에서 마음이 걸리는지 체크해보았으면 합니다.

1. 남에 대해 험담과 비난한 경우

2. 상대에게 상처 주는 말과 표현을 한 경우

3. 품격 없는 거친 말을 한 경우

4. 감정조절 실패, 흥분, 말싸움, 악감정을 표출한 경우

5. 남을 깎아내리고 질투와 시샘을 표출한 경우

6. 농담을 가장해 남을 비꼰 경우

7. 잘난 체하거나 지나친 자랑을 한 경우

8. 쓸데없이 말을 많이 하고 혼자 떠든 경우

9. 너무 큰 목소리로 말한 경우

10. 음담패설, 성희롱성 발언 등 성인지 감수성이 낮은 발언을 한 경우

11. 정치적, 종교적 발언을 한 경우

12. 남이나 회사의 비밀을 발설한 경우

13. 나의 비밀을 말한 경우

14. 앞지른 약속, 섣부른 맹세를 한 경우

15. 침묵보다 못한 괜한 말을 한 경우

16. 실익 없는 일에 따지고 든 경우

17. 성급한 판단으로 말한 경우

18. 젊은이, 부하, 후배에게 훈계성 발언을 길게 한 경우

19. 미성숙한 단견을 주장한 경우

20. 말을 그렇게 하지 말자고 다짐했는데 또 그렇게 한 경우

●
입으로 망하지 않으려면

왜 비밀을 지키지 못할까?

참을 수 없는 가벼움

2021년 3월 3일 방송된 TV조선 〈퍼펙트 라이프〉에서는 탤런트 전원주 씨의 일상을 공개했습니다. 이날 방송에서 전원주 씨는 "살아온 시간, 무엇이 가장 후회되나?"는 질문을 받고 원로 배우 사미자 씨와의 사연을 털어놨습니다.

성우로 함께 활동하던 젊은 시절, 결혼 사실을 숨기고 있던 사미자 씨가 화장실에서 아기에게 젖을 먹이고 있는 장면을 전원주 씨가 봤습니다. 비밀을 들킨 사미자 씨가 전원주 씨의 손을 잡고 애원했습니다. "원주야, 한 번만 살려줘"라고.

그런데 전원주 씨의 표현에 따르면 '입이 간지러워 견딜 수 없어서' 친한 사람에게 발설하고 말았습니다. 믿을 만하다고 판단했을 것입니다. 그러나 무려(?) 3명에게 까발렸으니 어떻게 됐을까요? 삽시간에 방송국 전체에 소문이 퍼졌고 드디어 사미자 씨의 귀에까지 들어갔습니다. 결국 화가 폭발한 사미자 씨가 전원주 씨의 머리채를 잡아 뜯었다고 합니다. 그런 일로 한동안 적이 됐다는 이야기인데, 전원주 씨는 그 일이 살면서 가장 후회되는 일이라고 했습니다.

말하고 후회하는 경우가 많지만 비밀을 말하는 것은 '말하고 후회하는 것'의 핵심입니다. 누구나 살면서 그런 경험을 했을 것이고 다짐을 하면서도 사람들은 입이 가볍습니다. 원래 비밀의 속성이 입을 가볍게 만듭니다. 누군가의 비밀을 알고 있으면 입이 근질거리는 게 인간의 본능입니다. 그 기막힌 이야기를 혼자만 알고 있다는 것이 얼마나 힘든지 모릅니다.

물론 처음에는 입을 봉합니다. 참습니다. 그런데 참는 데도 한계가 있게 마련. 어느 날, 자기 딴에는 절대적으로 믿을 수 있다고 판단되는 친구에게 조심스럽게 털어놓습니다. "이건 꼭 너만 알고 있어야 해"라는 당부와 함께.

그 순간 비밀은 해제됩니다. 이제부터 발 없는 말이 천 리를 가듯이 사방으로 전파됩니다. 시간이 좀 오래 걸리느냐 순식간이냐의 차이가 있을 뿐입니다. 그렇게 되면 당신은 태풍의 핵이 될 가능성이 커집니

입으로 망하지 않으려면

다. 트러블메이커로 갈등의 중심에 서게 됩니다. 자칫하면 큰 낭패를 볼 수 있습니다.

남의 비밀을 발설하는 것만 문제가 아닙니다. 당신의 비밀에 관해서도 입을 꾹 다무는 지혜가 필요합니다. 사람은 누구나 나름의 비밀이 있게 마련입니다. 비밀이란 그만큼 귀중한 이야기라기보다 숨기고 싶은 창피한 스토리, 아킬레스건인 경우가 대부분입니다.

그런데도 사람들은 말하고 싶어 합니다. 자기의 속사정을 누구에겐가 털어놓고 싶고 위로받고 싶은 게 공통된 심리입니다. 그래서 어느 날 가장 믿을 만한 사람에게 "나에게는 말야…"라고 공개하고 맙니다.

물론 그렇게 해서 위로받거나 속이 후련해지는 경우도 많습니다. 하지만 후련해진 텅 빈 가슴에 곧 후회가 몰려올 것입니다. 비밀의 내용에 따라 어쩌면 사람들에게 발목이 잡히는 경우도 있습니다. 나의 약점이 되어 어떤 부메랑이 될지 모릅니다.

속담에 '소더러 한 말은 안 나도 처(妻)더러 한 말은 난다'는 말이 있습니다. 소에게 말한 것은 전파되지 않지만 가장 가까운 아내에게 한 말은 밖으로 새어나갈 수 있다는 말입니다. 그 정도로 비밀을 지키기 어렵다는 의미도 되지만 거꾸로 어떤 경우라도 당신의 편에서 입을 꽉 다물어줄 사람이 필요하다는 뜻도 됩니다.

그런 사람이 없기에 고독한지도 모릅니다. 직장에 동료도 많고 사람도 많건만 고독한 것입니다. 속마음을 탁 터놓고 이야기할 수 있는 대화 상대자가 있다면 훨씬 덜 고독할 것인데 말입니다.

비밀을 지켜줄 사람이 없다는 것은 역설적으로 당신이 남의 비밀을 지켜줄 사람이 되라는 매우 훌륭한 교훈이 됩니다. 남의 비밀을 끝까지 지켜주는 화술을 구사하는 사람이 참된 인격자요, 좋은 친구입니다. 이것은 인간관계의 기본 중의 기본, 원칙 중의 원칙입니다. 그것 하나만 철저히 지켜도 당신 주위에 사람이 모이게 됩니다. 그래야 남들이 당신을 신뢰하고 진정한 대화 상대자로 인정해줍니다.

지금은 커뮤니케이션의 시대로, 소통이 강조되는 시대입니다. 가급적 말을 많이 하자는 '수다문화'가 권장되고 있을 정도입니다. 그러나 지켜야 할 것은 끝까지 지켜주는 확고한 신념 또한 필요합니다.

입이 가벼우냐 아니냐의 기준은 말이 많냐 적냐 하는 양에 관한 문제가 아니라 중대한 이야기를 발설하느냐 아니냐의 질적인 문제입니다. 가급적 대화를 많이 하고 살기를 권합니다. 그러나 해서는 안 될 말은 절대로 하지 말아야 합니다.

질문의 7가지 힘

미국의 동기부여 강사이며 커뮤니케이션 컨설턴트인 도로시 리즈는 『질문의 7
가지 힘』에서 질문의 효과를 다음과 같이 제시했습니다.

1. 질문을 하면 답이 나온다.

2. 질문은 생각을 자극한다.

3. 질문으로 정보를 얻을 수 있다.

4. 질문으로 대답을 통제할 수 있다.

5. 질문은 마음을 열게 하는 효과가 있다.

6. 질문은 귀를 기울이게 한다.

7. 질문에 답하면서 문제가 자연스럽게 해결된다.

한 템포 늦게 반응하기

다혈질을 위한 대화 지침

앞서 '천천히 말하기'에 대해 설명했습니다. 그것은 말하는 속도에 초점을 맞춘 것입니다. 그러나 대화에 있어서 속도를 포함해 가장 중요한 지침이 있습니다. 그건 바로 '한 템포 늦게'입니다. '한 템포 늦게'가 얼마나 중요한 요령인지 그것만으로 두꺼운 책 한 권을 써냈을 정도입니다. 나의 책 『한 템포 늦게 말하기』가 그것입니다.

보통 책을 보면 제목에서 말하는 주제는 일부에 지나지 않는 경우가 많습니다. 예컨대 책 제목이 '한 템포 늦게 말하기'라고 해도 한 장이나 한 절 정도만 그것을 다루고 다른 부분은 직접적으로 제목에 해당하는 영역은 아니지만 관련이 있는 내용들로 책을 구성합니다. 그러니까 책의 제목은 대표 주제라고 할 수 있겠습니다. 그런데 나의 책 『한 템포 늦게 말하기』는 내용 전체가 그 주제를 다루고 있습니다.

'한 템포 늦게 말하기'라고 하면 말하기의 속도만을 머리에 떠올리기 쉬운데 그렇게 단순하지 않습니다. '한 템포'의 의미란 참 다양해서 한 차원, 한 단계 또는 한 수준의 의미까지 확대할 수 있습니다.

앞으로 대화를 할 때는 그것이 설령 질문의 형태든 대답이든, 또는 설명이든 경청이든 간에 '한 템포 늦게'의 지침을 항상 마음속에 담아 실천하기를 권합니다. 이 지침은 대화의 품격과도 크게 관련이 있으며, 대화의 고수가 되는 매우 중요한 방법입니다. 그럼 '한 템포'에 얼마나 다양한 의미와 효과가 있는지 알아보겠습니다.

첫 번째 의미는 타이밍입니다. 성급하지 말고 한 템포 늦게 말하라는 것입니다. 빨리 반응하지 말고 한 템포 늦게 반응하라는 뜻이기도 합니다. 우리의 대화 모습을 유심히 관찰해보세요. 상대의 말에 즉각적으로 반응합니다. 전형적인 '티키타카'입니다.

한 템포 늦게 반응하라고 해서 상대의 말이 끝났는데도 한참 뜸을 들이면서 천천히 반응하라는 말은 아닙니다. 그런 사람 정말 답답합니다. 대화가 안 됩니다. 말 그대로 한 템포만 늦게 말해야 합니다.

상대의 말에 조급히 끼어드는 조급증을 버려야 합니다. 특히 상대의 말이 논리적으로 틀리거나 의견이 다르다 싶으면 사람은 마음이 조급해집니다. 빨리 상대의 말을 끊고 자기의 의견을 말하려고 합니다. 다혈질적 기질을 가진 사람은 이럴 때 참지를 못하고 반응합니다. 그러지 말자는 겁니다. 상대의 말을 다 들어보고 반응해도 늦지 않습니다. 그래봤자 한 템포, 1~2초에 불과합니다.

두 번째는 심리적인 것으로, 한 템포 느긋하게 말하라는 것입니다. 여기서 '느긋하게'란 첫 번째에서 다룬 조급함의 반대가 아닙니다. 짜증내지 말고 성질부리지 않는다는 의미의 '느긋하게'입니다. 한 템포 마음의 여유를 갖고 말하라는 것입니다.

세 번째는 말투를 한 템포 조절하라는 것입니다. 대화에서 말투의 중요성은 이미 언급했습니다. 따라서 어조를 한 템포 누그러뜨려 부드럽게 말하라는 뜻입니다.

네 번째는 목소리를 한 템포 조절하라는 것입니다. 목소리를 한 템포 낮춰서 조용히 말하되, 반대로 목소리가 너무 낮은 사람은 한 템포 올려야 합니다.

다섯 번째는 말의 양에 있어서의 한 템포입니다. 말의 양을 지금까지 하던 것에서 한 템포 줄이라는 것입니다. 물론 너무 과묵해서 대화의 맛이 없는 사람은 한 템포 늘려야 합니다.

여섯 번째는 간격입니다. 말을 할 때 따발총처럼 말하지 말고 쉬엄쉬엄 말하라는 것입니다.

일곱 번째는 원래의 의미 그대로 말의 속도를 말합니다. 천천히 말하라는 것인데 앞에서 이미 다뤘기에 설명을 생략합니다.

대화를 할 때 한 템포를 강조하는 이유는 한국인의 기질적 · 문화적 특성이 다혈질이라는 것 때문입니다. 우리는 기질적으로 성급하게 말하고 격하게 말하는 특성을 갖고 있습니다. 그런 기질은 문화적 산물이기도 합니다. 왜 문화적으로 다혈질의 요소를 갖게 됐을지 궁금할 것입니다. 이는 다름 아닌 '불안함'과 관련이 있다고 합니다.

네덜란드 출신의 사회심리학자로서 문화차원이론(cultural dimensions theory)을 만든 홉스테드(Hofstede)에 따르면 한국인은 불확실한 상황이나 미지의 상황에 위협을 느끼는 불확실성 회피 지수가 매우 높은 국민입니다. 불안 수준이 높다고 합니다. 이렇게 불안지수가 높은 것은 아마도 수많은 침략을 당한 것에서 비롯된 것이 아닌가 싶습니다(우리가 5천 년 역사에서 외침을 받은 횟수는 무려 931회에 달한다는 통계도 있습니다. 고려와 조선시대에는 거의 매년 외침의 수난을 겪었답니다).[7]

이처럼 불안 수준이 높은 사회의 사람들은 의사 표현을 할 때 목청을 돋워 목소리를 키우고, 탁자를 치는 등 과격한 모습을 보입니다.

---

7. 〈불교신문〉, 2015. 6. 26

바로 다혈질적 행태를 보이는 것이지요. 다혈질의 사람들에게는 '한 템포 늦게'가 매우 유용한 지침이 됩니다. 특히 상대방과 의견이 서로 달라서 논쟁으로 흐르거나 흥분하게 될 때는 얼른 '한 템포 늦게'를 떠올리세요. 그렇게 자신의 마인드를 컨트롤할 수 있어야 대화의 고수가 됩니다.

입으로 망하지 않으려면

혀를 자제하는 법부터

한 젊은이가 웅변술을 배우려고 소크라테스를 찾아갔습니다. 젊은이는 소크라테스에게 유창하게 이야기를 쏟아내며 자기를 소개했습니다. 자신이 말솜씨를 알려주고 싶었을 것입니다. 그런데 젊은이의 말이 길어지는 바람에 소크라테스는 웅변술을 가르치는 건 고사하고 이야기를 제대로 할 수가 없었습니다. 마침내 소크라테스가 젊은이의 손을 잡아 그의 입을 막아버리며 말했습니다.

"여보게! 자네에게는 수업료를 두 배로 받아야 할 것 같네."

"수업료가 두 배라고요? 왜 그렇죠?"

소크라테스가 이유를 설명했습니다.

"왜냐하면, 자네에게는 두 가지 원리를 가르쳐야 하기 때문이네. 첫째는, 혀를 자제하는 법을 가르쳐야 하고, 둘째는, 그러고 나서야 혀를 올바르게 사용하는 법을 가르칠 수 있으니까 말일세."

— 『행복을 가득 전해 주는 책』(김태광, 함께북스) 중에서

입으로 망하지 않으려면

겸손하게 말하는 법을 익히자

어린 손녀가 나의 집에 놀러 왔을 때입니다. 이런저런 이야기를 나누던 중에 손녀가 말했습니다.

"할아버지, 말을 할 땐 겸손하게 해야 해요."

놀라라, 초등학교 1학년의 꼬마에게서 그런 훈계를 들을 줄이야. 옆에 있던 고모(나의 딸)가 그 말을 듣고 깜찍하다고 느꼈는지 눈을 동그랗게 뜨고 손녀에게 질문을 던졌습니다. 즉석 질문입니다.

"그럼, 만약에 네가 친구들과 게임을 해서 1등을 했다면, 그래서 친구들이 축하를 해준다면 어떻게 말해야 하지?"

나는 귀를 쫑긋했습니다. 아니 온 가족의 이목에 손녀에게 집중됐습니다. 녀석이 이 돌발 상황에서 어떤 답을 내놓을지 궁금해하는 한편, 만약 나라면 뭐라고 답을 할까 생각고 있었습니다. 그런데 답을 찾기도 전에 손녀가 기다렸다는 듯이 답했습니다.

"축하해줘서 고마워. 그런데 운이 좀 좋았을 뿐이야!"

와우! 가족 모두가 감탄사를 터뜨리며 뒤집어졌습니다. 요즘 아이들은 정말 똑똑합니다.

"운이 좀 좋았을 뿐이야!"

나의 뇌리에 박힌 그 말이 되살아난 것은 배우 윤여정 씨가 영화 〈미나리〉로 제93회 아카데미 여우조연상을 받았을 때입니다. 여우조연상 후보에 오른 다섯 명의 쟁쟁한 배우들을 제치고 자신이 아카데미상을 거머쥐었으니 뿌듯하고 기쁜 이면에 좀 미안한 감정도 있었을 것입니다. 그녀는 수상소감에서 이렇게 말했습니다.

"우리는 각자의 영화에서 다른 역할을 했습니다. 다만 내가 운이 더 좋아 이 자리에 있는 것 같습니다."

어떻습니까? 내 손녀의 '겸손 화법'과 똑같지 않습니까?

겸손하게 말하려면 어떻게 해야 한다는 공식이 있는 것은 아닙니다. 상황이 무수히 다를 테니까요. 핵심은 말하는 사람의 마음가짐입니다. 격식이나 쇼가 아니라 진심으로 자기를 낮춘다면 자연스럽게 겸손이 묻어나오게 됩니다. 그러나 아무리 진심으로 겸손하더라도 밖으로 드러나는 것이 어떠냐에 따라 상대의 느낌이 달라질 수밖에 없습니다. 내용이 형식을 좌우하지만 반대로 형식이 내용을 결정짓기도 합니다. 그런 면에서 다음 3가지를 유념하며 대화에 임하는 게 좋습니다.

첫째는 태도, 표정, 말투입니다. 겸손하냐 아니냐를 판가름하는 것은 어떻게 보이느냐에 달렸습니다. 말하는 자세, 태도, 표정, 그리고 말투가 거만하다면 거만한 겁니다. 상대가 겸손함을 못 느낀다면 겸손하지 않은 것입니다. 실제로 사귀어보면 괜찮은 사람인데 겉으로 나타나는 요소 때문에 오해를 받는 사람이 없지 않습니다.

둘째는 용어의 선택, 말하는 톤의 문제입니다. 자기 확신이 지나쳐서 단정적으로 말하든가, 심판관이라도 된 것처럼 가르치려 든다면 당연히 겸손과 거리가 멀어집니다. 톤을 다운시키고 "그렇게 생각할 수 있겠네", "미처 그 생각까지는 못 했습니다", "좋은 아이디어야", "새로운 시각입니다", "한 수 배웠습니다" 하는 식으로 말하는 것이 요령입니다.

셋째는 공을 주위에 돌리는 것입니다. 자신의 성공이나 공적을 자신의 능력 때문이 아니라 주위의 도움으로 돌린다든가, 상황에 맞춰 고마움을 표시하는 화법이 여기에 속합니다. "덕분입니다"라는 식으로 말하는 것입니다. "운이 좋았다"는 화법도 여기에 해당됩니다. 공

입으로 망하지 않으려면

을 운으로 돌렸으니까요.

석가모니가 말했습니다.

"모든 화는 입에서 나온다. 오로지 입을 지키라. 모든 사람의 불행한 운명은 그 입에서 생기고 있다. 입은 몸을 치는 도끼요, 몸을 자르는 칼날이다."

입을 조심하라는 것은 말을 조심하라는 것입니다. 특히 말을 잘한다고 자신하는 사람들이 자칫하면 오히려 말 때문에 곤욕을 치르는 수가 많습니다. 따라서 당신이 말재주가 있다고 생각할수록 입을 조심해야 합니다. 늘 조심해야 합니다. 늘 조심하라는 것은 항상 자세를 낮춰 주위를 살피고 상황을 고려하여 겸손하게 말하라는 것입니다. 겸손하면 품격은 자연스럽게 올라갑니다.

상대가 깔보지 못하게 겸손해지는 법

"No"라고 말할 수 있어야 한다

대화는 물론이고 처세의 요령 중에서 가장 많이 언급되는 것의 하나가 겸손일 것입니다. 그런데 '겸손하라'고 하면 꼭 항변하는 사람이 있습니다. '겸손하면 깔본다'는 것입니다. 사람을 만만히 보고 함부로 대한다는 불평도 나옵니다.

언젠가 나의 유튜브 채널에서 겸손에 대해 다뤘는데 댓글의 상당수가 겸손하면 사람을 우습게 보고 깔본다는 것이었습니다. 자세를 낮추면 바보 취급을 하는 게 요즘 세상이라는 것입니다. 청중을 대상으로 강의를 해봐도 거의 같은 반응입니다. 세상은 거만하고 폼을 잡아야 사람 대접을 제대로 한답니다. 자기의 권위를 스스로 챙겨야 한답니다.

틀린 말은 아닙니다. 세상이 그렇습니다. 겸손하면 그만큼 사람을 잘 대해주는 것이 아니라 깔아뭉개려 합니다. 심하면 정말로 바보 취급을 당합니다. 손해를 보기 쉽습니다. 그래서 어떻게 하면 깔보이지 않으면서 겸손하게 처신할 것인지를 찾아야 합니다. 그래서 '상대가 깔보지 못하게 겸손해지는 법'이라는 제목으로 다시 유튜브 영상을 올렸더니 반응이 대단했습니다. 그만큼 공감한다는 것이고, 겸손에 대한 현실을 보여주는 것이기도 합니다.

당신이 겸손하기 때문에 오히려 손해를 보고 있는 것 같다면 다음의 9가지를 돌아보면 해답이 나올 것입니다. 자신을 점검해보고 개선해야 할 것이 있으면 의식해서 고쳐보길 바랍니다. 상대가 깔보지 못하게 겸손할 수 있습니다.

첫째, 외모와 체격, 카리스마도 중요합니다. 슬픈 이야기지만 외모가 뛰어나거나 덩치가 크거나 카리스마가 넘치는 사람은 사람들이 절대 깔보지 못합니다. 그런 사람은 겸손하게 자세를 낮춰도 조심스럽게 대합니다. 그런 면에서 외모나 체격도 경쟁력입니다. 문제는 이건 타고나는 것이지 자신의 의지로 해결할 수 있는 게 아니라는 것입니다. 하지만 다음의 노력으로 커버할 수 있습니다.

둘째, 자신의 이미지를 잘 관리하고 있습니까? 이미지를 관리하는 것은 노력에 따라 얼마든지 가능합니다. 선배 중에 그런 사람이 있습니다. 외모는 중국의 옛 지도자 등소평을 닮았는데 체구는 더 왜소합니다. 그런데 행동과 말이 가볍지 않습니다. 걷는 모습도 당당하고 옷도 잘 입습니다. 말도 상당히 무게감이 있게 천천히 합니다. 말수도 적고 겸손합니다. 그러나 누구도 그 선배를 깔보지 못했습니다. 좌중을 은근히 압도합니다. 그렇게 이미지를 관리한다면 자세를 낮추면서도 존중받을 수 있습니다.

셋째, 발음과 말투는 어떻습니까? 말을 흐리멍덩하게 하고 발음도 시원찮은 사람이 겸손하게 처신한다면? 더 이상 설명하지 않아도 알 것입니다. 말투를 똑 부러지게, 그리고 발음이 똑똑한 사람이라는 인상을 주게 명확히 하고 목소리는 경망스럽지 않게 말하기를 권합니다.

넷째, 너무 세세하고 지나치게 친절하지는 않습니까? 사람은 자상하고 친절한 것이 바람직합니다. 그런데 그게 지나치면 사람을 깔봅니다. 그게 현실입니다. 고객을 상대하는 사람도 아닌데 누구에게나 지나치게 자상하고 친절하다? 그것을 제대로 평가해주면 좋지만 세상은 그렇게 교과서적이지 않습니다. 그런 사람이 더하여 겸손하다면 자주 불이익을 감수해야 할지 모릅니다.

다섯째, 항상 웃는 것도 문제가 될 수 있습니다. 우리는 웃음을 강조합니다. 늘 미소 짓고 잘 웃으라고 가르칩니다. 그래야 인상이 좋

입으로 망하지 않으려면

고 건강에도 좋답니다. 그런데 항상 헤헤대고 웃다 보면 정말로 사람을 우습게 볼 수 있습니다. 나이토 요시히토의 『만만하게 보이지 않는 대화법』에 이런 말이 나옵니다. '상처받았다면 무심코라도 웃지 말라'고. 맞습니다. 상대가 싫은 소리, 마음을 할퀴는 소리를 하는데도 사람 좋은 인상으로 히히거린다면 깔보이기 십상입니다. 따라고 웃음에도 나름의 전략이 필요합니다. 인상을 써야 할 때 당연히 써야죠.

여섯째, 씨알 먹히는 말을 해야 합니다. 한마디 말을 하더라도 논리 정연하고 내공이 보이는 소리를 해야지 실없는 소리, 어벙한 소리, 말도 안 되는 소리를 습관처럼 하는 사람이 겸손하다면 겸손으로 대접받지 못합니다. 당연히 무시당합니다.

일곱째, "No"라고 말할 수 있어야 합니다. 사람은 긍정적이어야 한다지만 그게 항상 "Yes"를 외치라는 것은 아닙니다. 이래도 흥, 저래도 흥하면 사람을 깔보게 됩니다. 미주리 대학의 셸튼 박사는 심리학 실험에서 공격하는 상대에게 반박을 하면 상대는 이전처럼 공격하던 것을 멈춘다고 했습니다. 이때 중요한 것은 감정을 넣어서 화를 내거나 울먹이며 반박하지 않고 냉정하고 당당하게 반박하는 것입니다.

이것은 반박이 아니라 "No"의 전략에도 그대로 적용할 수 있습니다. 자기의 신념과 다를 때, 아니 신념까지는 아니더라도 의견이 다르거나 싫다면 당연히 "No"라고 말해야 합니다. 그래야 상대가 우습게 보지 않습니다.

여덟째, '80 대 20 법칙'을 활용해야 합니다. 항상 긍정하는 것도 좋지 않지만 "No"라고 말하라고 해서 항상 부정적이어서도 안 됩니다. 앞에서 '항상 웃지 말라'고 했지만 그렇다고 해서 항상 카리스마 철철 넘치는 인상을 지을 수도 없습니다. 이럴 때 유용한 법칙이 잘 알려진 '80 대 20 법칙'입니다. 잘 웃는 사람도 20% 정도는 기분 나쁜 표정을 지을 수 있어야 하고 항상 긍정하던 사람도 20% 정도는 부정할 수 있어야 합니다. 즉 강약 조절이 필요하다는 말입니다.

아홉째, 끊을 사람은 끊어야 합니다. 당신의 겸손함을 몰라보고 언제나 깔보며 우습게 보는 사람에 대한 대처법의 마지막은 손절하는 것입니다. 그런 사람은 사귈 필요가 없습니다. 오히려 단호히 등을 돌림으로써 상대는 당신의 가치를 새롭게 느낄 수도 있습니다.

세상만사가 그렇듯이 모든 것에는 균형이 필요합니다. 한결같이 겸손하면 한결같이 우습게 보일 수 있습니다. 위의 9가지를 적절히 활용하여 겸손하면서도 사람들이 깔보지 못하는 사람이 되세요. 겸손한 처신을 하되, 가볍게 보이지 않도록 말하는 것, 이것이 지혜입니다.

겸손이란 이런 것

겸손은

스스로를 낮추는 것

자신이 참으로 하찮은 존재임을 아는 것

지위나 재물 그리고 재능 따위가 보잘것없는 것임을 진심으로 아는 것

이름 없는 들꽃이라도 공손히 허리 굽혀 바라보는 것

겸손은

잘 웃는 것

먼저 인사하는 것

남의 이야기를 잘 들어주는 것

마음을 담아 끄덕여주며 동의해주는 것

겸손은

남의 마음을 아프게 하지 않는 것

사람을 깔보지 않는 것

낮추어 보이는 사람조차 높여주는 것

항상 자신을 돌아보며 갈고 다듬는 것

겸손은

자신의 겸손함을 모르되 교만함을 아는 것

행운 앞에서 우쭐하지 않는 것

불운조차도 감사히 받아들이는 것

삶의 종점에 다다르면 후회만 남기고 떠날 수 있음을 잘 아는 것

그리하여,

겸손이란

자신을 지키는 운명의 신이 따뜻한 얼굴로 미소 짓게 하는 것

— 나의 블로그에서

입으로 망하지 않으려면

품위를 잃지 않게 자랑하는 요령

거부감 없고 밉지 않게 자랑하기

나이 오십쯤 되면 경력이 쌓이고, 그러다 보면 자연스럽게 말이 많아집니다. 아무래도 젊은이보다 이야깃거리가 많을 수밖에 없습니다. 전문적 지식에서야 후배들에게 밀릴 수 있지만 추억할 수 있는 소재는 많으니까요.

　말이 많아지면 자기도 모르게 실패담보다는 성공담을 풀어놓게 됩니다. 자랑을 하게 됩니다. 물론 자랑하고 싶은 것은 인간의 기본 욕구요 본능입니다. 자랑은 자기 자신을 충족시킴과 동시에 남들로부터 인정받고 싶은 욕구의 발로입니다. 아니 과시할 것은 과시하고 자랑할 것은 자랑도 해야 합니다. 그것이 인간적이죠. 자랑거리가 없다면 그거야말로 인생 헛사는 겁니다.

젊은 시절 후배들과 완행열차를 타고 지방 출장을 간 적이 있습니다. 승객도 별로 없고 해서 우리 일행은 의자를 마주 보게 해서 이런저런 이야기로 완행의 무료함을 달랬습니다. 그때 내가 제의했습니다.

"사람들은 자기 자랑을 하면 뒤에서 흉보는데 이제부터 아예 자기 자랑을 솔직하게 해보자. 자랑거리를 털어놔보자."

'하던 짓도 멍석 깔면 안 한다'더니 정말 그랬습니다. 후배들은 자랑거리를 발견하지 못하고 우물쭈물 망설였습니다. 막상 자랑을 하려니 내놓고 자랑할 거리가 얼른 떠오르지 않은 겁니다. 결국 그 시도는 실패(?)하고 말았습니다.

이제 세상이 변했습니다. 요즘은 오히려 적극적으로 자기를 뽐내는 시대입니다. 그래서 '플렉스'가 유행입니다. 그러나 세상이 아무리 플렉스를 대놓고 하는 시대가 됐다지만 대화에서 자기 자랑은 아무래도 조심스럽습니다. 품격을 해치고 속물임을 자인하는 꼴이 되기에 십상입니다.

단, 분명히 자랑거리가 있음에도 상대의 거부감이나 배 아픔을 감안해 말을 꺼내지 못한다면 문제입니다. 상대가 당신의 자랑을 선의로 받아들이지 못할 사람이라면 대화 상대라고 할 수도 없습니다. 자

입으로 망하지 않으려면

랑할 게 있으면 해야 합니다.

자고로 '비단옷을 입고 밤길을 걷지 말라'고 했습니다. 아무리 좋은 옷을 입었더라도 밤길을 걸으면 알아줄 사람이 없다는 의미입니다. 즉 내세울 것이 있으면 제대로 알리라는 말입니다. 그러나 자기 자랑에도 금도랄까, 요령이 있습니다. 자랑은 하되 상대가 덜 배 아프게, 덜 기분 나쁘게, 덜 밉게 말입니다. 품격을 잃지 않고 밉지 않게 자랑하는 요령 5가지를 소개합니다.

첫째, 솔직하게 말하기. "나 자랑하고 싶은 게 있는데 말해도 될까?", "이거 내 자랑인데 자랑 안 하려니 입이 근질거려서 해야겠다." 이렇게 아예 전제를 깔아버리면 듣는 사람의 거부감을 가라앉힐 수 있습니다. 그런 말 자체에 솔직함과 위트가 배어 있습니다. 뿐만 아니라 상대는 자랑하는 이야기를 들을 준비가 됨으로써 자랑하는 사람을 비난할 이유가 없어집니다.

둘째, 겸손한 말투와 태도. 같은 말을 하더라도 으스대는 태도라든가 건방을 떠는 말투라면 당연히 상대가 거부감을 갖습니다. 더구나 내용이 자기 자랑인데 말투와 태도까지 혐오스럽다면 부작용을 감수해야 합니다. 그럴 때는 자기 자랑이 상대를 무시하는 것처럼 꼴사납게 느껴질 것입니다. 말투와 태도를 겸손하게 하는 게 품격을 유지하는 자랑의 재치입니다.

셋째, 짧게 말하기. 자기 자랑을 즐겁게 들어줄 사람은 많지 않습니다. 더구나 말하는 사람의 시간과 듣는 사람의 시간은 다릅니다. 그런데 자기 자랑을 장광설로 늘어놓는다면 당연히 눈살을 찌푸리게 됩니다. 자랑의 핵심만 말하고 끝내는 게 좋습니다.

넷째, 치고 빠지기. 자랑거리를 말하는 반면에 실패담이나 결함, 고생한 이야기 등을 섞어서 상대의 배 아픔을 상쇄시킬 필요가 있습니다. 예를 들면 "요즘 내가 유튜브로 수익을 꽤 내는데…" 여기까지가 자랑이라면 슬쩍 다른 말을 덧붙여 자랑의 강도를 낮춥니다. "그런데 악플 때문에 엄청 속을 끓인다"며 자랑의 이면에 있는 고충을 알림으로써 치고 빠지는 지혜를 발휘합니다.

다섯째, 겸손하게 표현하기. 남의 이야기하듯, 별것 아닌 것처럼 말하는 것도 요령입니다. 예를 든다면 "나는 별것이 아니라고 생각하는데 어떤 사람이 이렇게 좋게 평가하더라"는 식입니다. "남들이 이 시계를 굉장히 비싼 명품이라는데 아들 녀석이 생일 선물로 사줘서 사용할 뿐이지 비싸기만 하고 별로 좋은 것 같지 않아." 이런 식으로 말입니다.

어쨌거나 지금은 자기 홍보 시대입니다. 말 그대로 홍보는 하되 피할 것은 피하고 알릴 것은 알려야 합니다. 다만 인정욕구나 유아적 심리가 너무 적나라하게 드러나 품격을 해치는 일이 없도록 재치 있게 자랑하는 게 요령입니다.

말실수나 잘못에 대처하는 법

품격 있게 사과하는 5가지 원칙

아마도 말 한마디 때문에 세상을 떠들썩하게 흔들어놓기로는 정치인이 으뜸일 것입니다. 때로는 말꼬리를 잡으며 끝없는 논쟁을 이어가기도 합니다. 왜 논쟁이 이어지는가? 실수나 잘못을 인정하지 않고 계속 변명을 해대니 '말 한마디 → 문제제기 → 해명(변명) → 반박 → 또 해명 → 또 반박'의 고리가 반복되는 것입니다.

사례 하나. 추미애 전 법무부장관의 경우를 보겠습니다. TBS 〈뉴스공장〉이 편향적이라며 방송진행자 김어준 씨가 공격을 받을 때입니다. 추미애 씨가 구원투수로 나섰습니다. '뉴스공장은 유일한 시민의 방송'이라면서 '외눈으로 보도하는 언론이 양 눈으로 보도하는 뉴스공장을 타박하는 건 잘못'이라고 일갈했습니다.

문제는 의외의 것에서 터졌습니다. 그의 응원이 잘됐냐 아니냐가 아닙니다. '외눈'이라는 용어가 시각장애인을 비하하는 것이라는 반박에 부딪힌 것입니다. 이런 반박에 금세 머리를 조아릴 그가 아닙니다. 국어사전까지 들먹이며 '외눈'이 왜 장애인 비하냐며 '문맥오독'이라는 해명 겸 반박을 했습니다.

이쯤 되면 싸움이 커질 수밖에 없습니다. 같은 당의 국회의원까지 나서서 '비하, 차별, 혐오냐 아니냐의 판단 기준은 상대방이 어떻게 받아들이냐는 것'이라고 유권해석(?)을 했고, 피해당사자라 할 수 있는 장애인단체가 '비하 발언 맞다. 사과해야'한다고 결론을 내렸습니다. 그러자 이번에는 정의당의 국회의원이 점잖게 나무랐습니다. '내 표현이 적절치 못했다', 그 말 한마디면 끝날 일이라고.

추 전 장관이 시각장애인을 차별하거나 비하할 의도가 없었음은 누구나 인정할 것입니다. 어느 정치인이 그런 무모한 짓을 하겠습니까. 그러니까 용어 선택을 잘못한 것이고 실수한 것입니다. 그러니 솔직히 인정하고 사과하면 끝날 일입니다.

정치인뿐만 아니라 우리들 보통 사람들도 대화에서 실언하는 수가 많습니다. 나 역시 예외가 아닙니다. 별생각 없이 자유발언(?)을 하다

보면 실수하는 경우가 흔합니다. 친구들과 대화를 나누던 중 그 자리에 없는 다른 친구가 화제로 올랐습니다. 그러다가 이런 말을 해버렸습니다.

"그 친구, 성질이 그러니까 이혼했지."

말을 뱉기가 무섭게 '아차' 했습니다. 좌중에 이혼한 친구가 또 있었기 때문입니다.

사람은 누구나 실수합니다. 그런데 실수를 안 하는 것도 중요하지만 엎질러진 물이라면 어떻게 대응하느냐도 중요합니다. 실수를 솔직히 인정하고 사과하면 됩니다. 그러면 끝입니다. 이 간단한 해법을 잘 알면서도 잘 안 됩니다. 상대가 문제를 지적하면 부지불식간에 방어기제가 작동합니다. 그래서 해명하고 변명하려 듭니다. 그럴수록 문제가 꼬이게 되고요.

대화에서는 실언뿐만 아니라 서로의 입장 차이에서 오는 갈등을 해결하는 방법으로 사과가 필요한 경우도 있습니다. 서로 자기의 입장을 강변하다 보면 대화가 처음의 의도와 다르게 이상한 방향으로 전개되는 수가 흔합니다. 때로는 심각한 파국을 맞기도 합니다.

처음에는 좋게 시작한 대화가 별것 아닌 의견 차이로 논쟁이 되고 나중에는 감정이 격해져서 크게 언쟁으로 변하는 경우도 적지 않습니다. 그러고는 수십 년간 쌓아 올린 정을 하루아침에 무너뜨리기도 합니다.

그놈의 알량한 자존심 때문에 잘못을 인정하지 않고 우기다 보면 갈등이 증폭되어 영원히 갈라 서는 경우도 있습니다. 대표적인 경우가 부부싸움과 그로 인한 이혼일 것입니다. 대부분의 갈등은 별것 아닌 것에서 출발하는 경우가 많습니다. 갈등이 폭발하고 끝장이 난 후 왜 그랬는지 이유를 물어보면 결론은 허무합니다.

"사과 한마디 없었습니다."

그렇습니다. 사과 한마디면 마무리될 것을 그걸 못해 큰 파국을 맞습니다. 대화는 전쟁이 아닙니다. 사과한다고 지는 것도 아닙니다. 미안하면 미안한 것이고 잘못했으면 인정하는 것뿐입니다. 그건 오히려 인간적 매력이 될 수도 있습니다. 그럼 어떻게 사과해야 할까요? 사과에도 요령이 있습니다.

첫째, 진심으로 사과해야 합니다. 심리학자 게리 채프먼 박사가 『5가지 사과의 언어』에서 언급한 방법에 따르면 사과에는 크게 5가지가 들어있어야 합니다. 자신의 실수에 대한 후회의 표현, 무엇을 잘못했는지에 대한 언급과 책임 인정, 잘못을 바로잡기 위한 보상과 대처방안, 용서와 화해 요청 그리고 가장 중요한 '진심'입니다. 이 중에서 나는 일단 진심을 으뜸으로 여깁니다. 진심을 담지 않으면 말투나 표정 등의 미묘한 변화를 상대가 알아챕니다.

둘째, 쿨하게, 화끈하게 사과해야 합니다. 사과하기로 마음먹은 이상 체면 따위를 생각할 필요 없습니다. 화끈하게 솔직히 사과하면 그뿐입니다. 정치인들은 "유감으로 생각하는 바입니다" 따위의 표현을 쓰는데 참 유감스럽습니다. 유감이 뭡니까? 감정이 있다는 말인지 뭔지….

'본의 아니게 저지른 잘못', '만약 실수가 있었다면', '피해를 줬다니 유감' 운운하는 경우도 많은데 화끈하지 않고 어딘가 핑계를 두는 게 되어 찝찝합니다. 사과의 진정성을 의심하게 됩니다.

셋째, 무엇을 잘못했는지에 대한 언급과 책임을 인정해야 합니다.

"내가 잘못한 게 있다면 사과합니다."

이렇게 전제를 까는 사과는 안 됩니다. "내가 어떤 잘못을 했건 간에…"라는 식으로 뭉뚱그려 넘어가도 안 됩니다. 무엇을 어떻게 잘못했는지 분명히 인식하고 있음을 상대에게 알려야 하며 경우에 따라서는 어떤 책임을 질 것인지, 그에 대한 보상 또는 용서와 화해 요청 등 구체적인 책임을 언급해야 합니다.

넷째, 변명, 자기합리화는 금물입니다. 사과를 하면서 "사실 나도 그때 이런 입장이었어" 또는 "너에게도 약간의 문제는 있다" 따위의 말을 하지 마세요. 사과를 받다가 오히려 폭발하게 됩니다. 열 받습니다. 일단 화해의 과정을 밟는 게 중요합니다. 변명하거나 자기합리화를 할 생각이 있다면 완전히 화해하고 난 후, 나중에 당신의 고민과 입장이 어땠는지 솔직히 알리는 게 좋습니다. 변명을 늘어놓는 행위는 자신에 대한 방어 기제로 나오는 것인데, 사과는 자기방어가 아니라 잘못을 인정하는 행위이므로 자신의 책임을 돌리는 '변명'은 없어야 합니다.

다섯째, 사과에도 '애프터서비스'가 필요합니다. 무슨 말이냐고요? 사과를 하고 화해한 이후의 행동도 중요하다는 말입니다. 사과 이후에 서먹해한다든가, 남들에게 변명을 하거나, 더 나아가 험담을 하는 등 이중 플레이를 하면 사과의 진정성은 당연히 허물어집니다. 뒤통수를 때리는 결과가 되어 사과 이전의 상태, 아니 더 나쁜 상태로 돌아갑니다. 그래서 사과 이후의 언행에 조심해야 합니다. 독일 속담에 '싸우고 사과한 후의 친구는 악마를 대하듯 조심하라'는 말이 있다는데, 핵심을 잘 짚은 것 같습니다.

입으로 망하지 않으려면

험담은 말로 하는 자살 행위

명심해야 할 험담의 3가지 특성

대화, 특히 잡담의 주종은 남에 관한 이야기입니다. 그리고 남의 이야기에서 빠질 수 없는 양념의 하나가 험담입니다. 남의 이야기를 어찌어찌 하다 보면 험담이 나오게 되어 있습니다. 이게 대화의 속성이고 수다의 결함입니다. 수많은 선각자가 험담의 위험성을 경고하지만 그게 마음대로 됩니까? 험담이 금기인 줄은 잘 알지만 실제에 있어서는 그것이 생각처럼 잘 실천되지 않습니다. 왜냐면 험담은 그 쾌감이 대단하고 중독성이 강하기 때문입니다.

특히 우리는 역사적, 기질적으로 배후주의적 경향이 있어서 험담문화(?)를 가지고 있습니다. 배후주의란 정면승부를 거는 게 아니라 뒤에서 음해하고 깔아뭉개려는 발상인데, 이러한 발상이 자연스레 험담을 몰고 옵니다.

몇 사람이 모여 대화를 하다 보면 자연스럽게 누군가에 대한 불평과 비난이 나오게 됩니다. 그 모임이 술좌석이라면 험담의 강도는 더 강할 수 있습니다. 은근히 간이 부어오르기 때문입니다. 사실 험담에는 쾌감이 있습니다. 그 순간은 자신이 세상의 기준이 됩니다. 인물평가의 대가나 인생사의 심판관이라도 되는 것처럼 의기양양하고 자신감이 넘칩니다.

입방아를 찧다가 너무 지나쳤나 자각할 때도 있습니다. 그러면 "물론 그 친구 입장도 이해가 되고 좋은 면도 있지만…"이라며 슬쩍 한 발 빼지만 그것은 어디까지나 '후렴'이지 본론은 아닙니다. '남의 험담이나 비난은 금물'이라는 처세술의 금언을 누구보다도 잘 알지만 우리네 험담문화는 그 뿌리가 깊습니다.

문제는 험담을 하고 난 이후부터입니다. 험담은 그 위력이 큽니다. 부정적인 위력입니다. 험담은 애써서 쌓아놓은 인간관계를 무너뜨립니다. 인간관계의 공든 탑을 한순간에 허물어뜨립니다. 특히 상사에 대한 험담은 조직 내에서 성장에 마침표를 찍는 것과 같습니다. 마침표가 아니라 추락의 전조가 됩니다.

그러나 한 가지 더 중요한 사실이 있습니다. 남의 험담을 입에 담는 순간 그 사람의 품격은 사라진다는 사실입니다. 그러니 험담의 특성을 명심하고 대화를 할 때마다 돌아봐야 합니다.

첫째, 험담은 당사자에게 반드시 전달됩니다. 대화 상대자에게 비밀을 지켜줄 것을 신신당부했더라도 이미 발설했다는 그 자체로서 비밀은 지켜질 수 없게 됩니다. 험담의 내용이 심각하고 비밀스러운 것일수록 남들의 입에서 입으로 옮겨 다닐 전파성이 강합니다. 이것이 험담의 메커니즘입니다.

둘째, 험담을 하면 그 순간부터 '약점'이 됩니다. 험담의 대상자를 만나게 되면 알게 모르게 가슴이 뜨끔할 것입니다. 아무리 태연하려고 해도 표정이 굳고 언행이 부자연스러워집니다. 상대방에 대해 당당하지 못하고 자신감이 없어집니다. 그런 낌새를 상대방은 본능적으로 알아차립니다. 험담의 대상자는 상대방(험담을 한 사람)이 자기를 대하는 모습이 예전 같지 않고 부자연스러운 것을 눈치채게 됩니다. 이것을 나는 NQ라고 명명한 바 있습니다. '눈치(Noonchi)지수'라는 말입니다. 우스갯소리 삼아 만든 말이지만 일리 있는 신조어입니다.

사람은 뛰어난 지능지수(IQ)를 총동원하여 기막힌 술수로 사람을 대하더라도 상대방의 눈치가 그것을 알아차린다는 게 나의 지론입니다. 즉, NQ는 IQ보다 한 수 위라는 말입니다.

뿐만 아니라 험담을 말하게 되면 그 말을 들어준 대화 상대자에게도 약점을 잡히는 꼴이 됩니다. 험담에 맞장구를 치며 들어준 대화 상대자까지도 결국은 험담을 말한 사람에 대해 좋지 않은 인상을 가집니다.

셋째, 험담의 해악은 반드시 자신에게 돌아옵니다. 비난의 대상, 그 한 사람을 잃는 게 아니라 자신을 포함한 모두를 잃게 된다는 것, 이것이 험담의 결정적 위력입니다. 험담의 피해가 결국은 자기 자신에게 돌아온다는 것, 이것을 나는 '험담의 부메랑 효과'라고 칭합니다.

이제 오십쯤 됐으면 험담과 결별할 나이가 됐습니다. 혈기왕성하고 철없던 젊은 날과 같을 수는 없습니다. 험담은 인간관계와 품격을 동시에 무너뜨리는 제1요인이고, 말로 하는 자살 행위입니다.

"남을 헐뜯는 험담을 하는 것은 살인보다 위험하다. 살인은 한 사람밖에 죽이지 않으나, 험담은 세 사람을 죽인다. 즉 험담을 한 사람, 그것을 제지하지 않고 듣는 사람, 험담의 대상이 된 사람."

— 탈무드

험담을 안 할 수 없다면

꼭 지켜야 할 험담의 기술

대화에 있어서 남의 험담은 자살 행위라고 했습니다. 험담은 인간관계를 무너뜨립니다. 그러나 그렇게 안 좋은 줄 알지만 험담이 멈춰지던가요? 험담하는 그 순간은 상황이나 감정이 그렇게 작동하기에 험담을 하게 됩니다. 험담을 한다고 해서 꼭 대상자에게 악감정을 갖고 있거나 그런 것은 아닙니다. 어찌 보면 잡담의 속성이요 습관성 같은 것이기도 합니다. 그렇게 인간은 불합리한 존재입니다. '험담은 금물'이라고 강조하는 나도 종종 험담을 합니다. 이 정도는 괜찮으려니 하고….

성인군자, 아니 자기관리에 철저한 사람이 아닌 한 어떻게 험담을 안 할 수 있겠습니까. 성질이 나고 기분이 나쁘면 험담이 튀어나옵니다. 솔직히 험담은 재미있습니다. 그 순간은 스트레스가 해소되는 기분을 느끼기도 합니다. 그러니 대화에서 험담을 하고 마는 현실을 일단 인정하고 대책을 세워보는 것은 어떨까요.

험담을 안 할 수 없다면 대안이 필요합니다. 적어도 험담으로 인해 곤란해지거나 코너에 몰리는 상황은 피해야 합니다. 쉽게 말해 험담을 하더라도 요령껏 하자는 말입니다. 이름하여 '험담의 기술'입니다.

첫째, 분위기를 파악할 것. 좌중이 험담의 분위기에 진입하면 에스컬레이트 되면서 점점 더 노골화됩니다. 그러면 당신도 부지불식간에 험담의 늪에 빠지게 됩니다.

자, 그렇다면 험담을 하기 전에 좌중을 휘둘러보세요. 단둘이 하는 대화라도 상대를 정확히 알아야 합니다. 여럿이라면 더더욱 분위기 파악이 중요합니다. 그중에 누가 이중 플레이(?)를 할지 모릅니다. 예컨대 친구들과 대화를 나누다가 험담으로 이어지면서 그 자리에 없는 A에 관한 험담을 하게 됐다고 칩시다. 그런데 아뿔싸! 대화를 함께 나누는 B가 알고 보니 A와 절친이라면? 그 뒤는 상상에 맡깁니다.

둘째, 앞장서지 말 것. 적어도 험담을 먼저 시동 걸지는 마세요. 험담의 분위기에서 혼자 침묵하는 것도 힘든 일입니다. 자칫하면 이방인이나 첩자 정도로 의심받을 수도 있습니다. 그러니 분위기에 밀려 함께 험담을 하더라도 앞장서서 험담을 시도하지 말아야 합니다. 또는 한 수 더 떠서 떠벌리면 안 됩니다. 소극적으로, 마지못해 임하는 정도로 그쳐야 합니다. 때로는 슬쩍 다른 화젯거리를 던져 분위기를 바꾸는 기술을 발휘하는 것도 좋습니다.

셋째, 말과 행동에 대해서만 비판할 것. 결론부터 말하면 인격을 모독하지 말라는 것입니다. 인격모독, 이거 금물입니다. 험담 대상자의 말과 행동을 구체적으로 적시하여 비판하는 게 요령입니다. 어떤 말이 잘못된 것인지, 어떤 행동에 문제가 있는지 그걸 말하면 됩니다. 그래야 험담의 정당성을 인정받습니다. 나중에 문제가 되더라도 변명의 여지가 생깁니다.

넷째, 독기를 품고 말하지 말 것. 험담을 하다 보면 은근히 사적 감정이 개입하여 인상이 험악해지고 어휘 선택이 극단적으로 흐를 수 있습니다. 이건 하수 중의 하수입니다. 독기를 품으면 자연히 인상이 험악해집니다. 눈초리부터 달라집니다. 그렇게 되면 험담이 악담으로 변합니다. 험담에 마지못해 참여한다면 어조를 누그러뜨리고 별것 아닌 것처럼 말하세요. 농담이나 우스갯소리로 표현하는 것도 좋습니다. 절대로 독한 표현, 치명적인 표현을 해서는 안 됩니다. 치명적 결과를 몰고 올 수 있습니다.

다섯째, '한 발 빼기 전략'을 쓸 것. 전략이라고 거창한 게 아닙니다.

험담을 하다가 슬쩍 그 사람에 대한 긍정적인 평가를 보태주는 것입니다. "이러이러한 면은 참 좋은데 말이야", "그것만 빼면 참 좋은 사람인데" 하는 식입니다. 긍정적 평가나 칭찬의 말 한마디를 던져놓음으로써 빠져나갈 여지를 만들어놓는 게 좋습니다.

어떻습니까? 써먹을 만한 요령입니까? 사실 이렇게까지 눈치 보면서 말할 바에는 아예 험담을 입에 올리지 않는 것이 좋습니다. 험담에 동참하고 나면 마음이 찜찜해집니다. 불교의 『법구경』에 이런 말이 있습니다.

"남의 바르지 못한 점을 잡지 말라. 남이 무엇을 하든 참견하지 말라. 다만 내가 무엇을 하고 무엇을 하지 말아야 할 것인가만을 생각하라."

"동물은 좋은 친구다. 그들은 질문도 하지 않고 비판도 하지 않는다."

— 토마스 엘리엇(영국의 시인, 노벨문학상 수상자)

남을 평가하는 법

품격 있게 긍정하기

80대 중반의 노신사를 만났습니다. 친구들이 한때 상사로 모셨던 분인데 친구 두 사람과 노신사 그리고 나, 이렇게 4명이 자리를 함께했습니다. 노신사는 젊은 시절 고위직에 있었던 분이라고 했습니다. 그는 80대 중반의 나이에도 당당하고 꼿꼿한 풍채를 보니 현직에 있을 때 어떤 모습이었을지 포스가 느껴졌습니다.

친구의 말에 의하면 현직에 있을 때 성질이 불같고 정의감과 열정이 대단한 사람이었다고 합니다. 일이든 사람이든 조금이라도 빗나간 것을 지나치지 못하는 깔끔한 성격이라 모시기가 힘든 상사였답니다.

그렇다고 성격이 나쁘거나 부하들을 달달 볶는 그런 사람이었다는 말이 아닙니다.

그들 3인은 오랜만에 만났는지 예전에 같은 직장에서 일했던 때의 에피소드로 이야기꽃을 피웠습니다. 이제는 모두 퇴직한 터라 상사나 부하의 개념도 사라진 지 오래여서 매우 편하게 이야기를 나눴습니다. 공통의 대화거리를 발견할 수 없던 나는 친구들과 노신사가 대화를 나누는 것을 조용히 들었습니다. 그러다가 문득 그들이 대화하는 스타일을 관찰하고 있는 나를 발견했습니다. 뭐 눈에는 뭐만 보인다고, 내 눈과 귀에는 대화법에 관한 것만 들어오는 것 같아서 혼자 슬쩍 웃었습니다.

그때 깨달은 것이 있습니다. 젊은 내 친구들보다 그 노신사의 말하는 품새가 더 매력적이라 느꼈습니다. 무엇보다도 낮은 목소리로 말했습니다. 늙어서 힘이 없기 때문이라고요? 아닙니다. 80대 중반의 노인이라고 믿기 어려울 만큼 발음은 분명했고 목소리에 힘이 있었습니다. 반면에 친구들은 힘이 넘친 탓인지 아니면 귀가 잘 안 들리는 때문인지 식당이 떠나갈 듯 목소리가 크고 호들갑스러웠습니다. 조금은 창피해서 내가 노신사의 표정과 주변을 살펴봐야 할 정도였습니다. 그래도 노신사는 목소리를 좀 낮추라고 권하거나 하지 않고 여유 있는 표정으로 웃으며 옛이야기를 즐겼습니다.

입으로 망하지 않으려면

무엇보다 그가 사람을 평가하는 화법이 인상적이었습니다. 옛날 직장 이야기를 하다 보니 그들과 함께 일했던 사람에 관한 이야기가 나왔습니다. 어떤 사람에 대해서는 요즘은 어디서 무엇을 하는지 궁금하다는 말도 했고, 또 어떤 사람에 대해서는 예전에 함께 일할 때의 에피소드가 화제로 올랐습니다. 그런데 대화에 등장하는 인물들에 대한 그의 반응은 한결같았습니다. 일정한 패턴을 이루고 있었습니다.

"그 친구 훌륭한 사람이야", "참 좋은 사람이었지", "성실했어", "열정적인 친구지", "장점이 많은 사람이야", "대단한 사람이지," "뛰어난 사람이야", "적극적이고 긍정적인 사고를 가졌지", "능력이 있는데도 그 친구가 그때 승진이 못한 건 가슴 아파."

이런 식이었습니다. 단 한 번도 사람들을 부정적으로 평가하지 않았습니다. 내 친구들이 조금 부정적인 의견을 내놓을 때도 그는 긍정적인 평가를 내놓았습니다.

옛 상사가 긍정으로 평가하니 친구들도 나중에는 그의 말에 맞장구치며 인정했습니다. 그럴수록 분위기는 좋아졌고 노신사의 품격은 더욱 돋보였습니다. 나는 머릿속으로 그가 말한 긍정적인 평가들을 기억해두려 애를 썼고요.

식사를 끝내고 노신사와 헤어진 후 친구들에게 말했습니다. 그분 참 멋지다고, 정말 품격의 노신사라고. 그러자 친구들이 답했습니다. 함께 근무하던 시절엔 성질이 불같아서 엄청 깨졌었다고. 그런데 역시 세월이 사람을 변하게 만드는 것 같다고요. 과연 그런 것이었을까요?

설령 세월이 사람을 변하게 만들더라도 세월에 당신을 맡기지 마십시오. 이제 인생의 절반에 접어든 오십쯤이면 스스로 자각해서 변할 수 있어야 합니다. 그중 하나로, 사람을 평가할 때 늘 긍정으로 말하는 것은 어떨까요?

"훌륭한 사람이야", "적극적인 사람이야", "장점이 많지", "대단한 친구야", "뛰어난 사람", "좋은 사람."

이런 정도만 입에 달고 대화를 나눠도 오십의 품격은 충분히 유지할 수 있다고 생각합니다.

남을 평가할 때 긍정하기를 기억합시다. 어떤 사람에게든 긍정적인 면이 있을 테니까요. 노신사와의 만남에서 가슴 깊이 새긴 교훈입니다.

품격 있게 화내는 법

적당히 제대로 화내라

품격 있게 화를 낸다고? 이상하게 들리겠지만 사람의 품격이 무너지는 것은 바로 분노를 분출할 때입니다. 화가 날 때야 사실 눈에 보이는 게 없습니다. 일단 소리를 꽥 지르고 맙니다. 그런데 이거 아시나요? 당사자는 모르지만 화내는 모습을 옆에서 지켜보면 정말이지 품격과 거리가 멀다는 것을.

문제는 옆에서 지켜보는 사람이 아닙니다. 그 화를 고스란히 받는 사람의 심정은 어떻겠습니까? 물론 정당한 화는 내야 합니다. 특히 직장의 리더급이 되면 화도 낼 수 있어야 팔로워들이 깔보지 않습니다.

이래도 허허, 저래도 허허 하는 사람, 마냥 좋은 사람이 되면 슬그머니 무시당하는 상황을 맞게 됩니다.

드골이 이끄는 '자유 프랑스'에 합류해 레지스탕스의 일원으로 활약하고 훗날 인권과 환경 문제 등, 사회운동가로 활동한 『분노하라』의 저자 스테판 에셀은 이렇게 말했습니다.

"분노할 일에 분노하기를 결코 단념하지 않은 사람이라야 자신의 존엄성을 지킬 수 있고 자신이 서 있는 곳을 지킬 수 있으며 자신의 행복을 지킬 수 있다."

그가 말한 분노와 여기서 다루는 분노(화)는 차원이 좀 다르지만 화날 때 화를 낼 수 있어야 자신의 존엄성을 지킬 수 있는 것은 마찬가지입니다. 그래서 리더는 전략적으로 화를 낼 수 있어야 합니다. 의도적으로 화를 내어 직원들이 긴장하도록 해야 할 때도 있습니다. 그러나 그렇게 계산적이고 전략적이 아닌, 감정에 휘둘려 분노를 표출하면 보기도 흉할 뿐 아니라 반드시 후회하게 됩니다. 그래서 '분노란 후회할 감정'이라는 명언도 있습니다.

자, 그럼 화를 내더라도 품격을 무너뜨리지 않고 멋지게 화를 내는 방법은 없을까요? 아리스토텔레스도 분노에 대해 이렇게 한마디 남겼습니다.

"누구든지 화를 낼 수 있다. 그것은 매우 쉬운 일이다. 그러나 올바

입으로 망하지 않으려면

른 대상에게 올바른 정도로, 올바른 시간 동안에, 올바른 목적으로, 올바른 방법으로 분노하는 것은 누구나 할 수 있는 일이 아니다. 또한 결코 쉬운 일이 아니다."

말은 길게 했지만 결국 '적당히 제대로 하라'는 말일 것입니다. 그럼 어떻게 하는 게 적당히 제대로 분노하는 것일까요?

우선 감정에 휘둘리지 않아야 합니다. 이게 말처럼 쉬운 일은 아니죠. 감정에 휘둘리면 목소리가 커지고 얼굴이 울그락불그락거리며 자칫 험악한 말이 튀어 나갈 수 있습니다. 이렇게 되면 화를 내게 된 본질은 사라지고 화 자체에 주목해 문제가 발생합니다. 때로는 갑질이니 뭐니 하는 문제가 될 수도 있고 품격을 지키는 것과도 거리가 멀어집니다.

다음으로 상대의 문제점을 명확히 있는 그대로 지적해야 합니다. 과잉되게 화를 내거나 또는 문제점과는 관계가 없는 인격 모독성 발언을 하면 공수가 뒤바뀌게 될 것입니다. 분노가 사라진 다음에도 후유증이 남을 수밖에 없습니다. 인간관계가 깨질 수도 있죠.

마지막으로 가능한 한 감정을 억제해서 버럭 화를 내지 말고 여유 있게 한 방 먹이는 방법을 찾아야 합니다. 쉬운 일은 아니지만 이쯤 돼야 분노의 품격을 논할 수 있을 겁니다.

송나라의 개혁정치가로 이름난 왕안석의 이야기입니다. 하루는 왕안석이 말을 타고 한가롭게 주변 풍경을 감상하고 있었습니다. 말고삐는 마부에게 맡기고요. 그러던 중 마부가 실수를 하여 말이 놀라 날뛰는 바람에 왕안석이 말에서 떨어지고 말았습니다. 마부로서는 앞이 캄캄했을 것입니다.

사람들이 왕안석을 부축해 일으켰고, 다행히 다친 데는 없었지만 마부는 어�찔 바를 몰라 했습니다. 이제 불호령이 내려지거나 체벌이 가해질지도 모르는 위기의 순간입니다. 왕안석으로서는 화가 머리끝까지 올랐을 수도 있습니다. 그러나 왕안석은 두려움에 벌벌 떨며 땅바닥에 엎드려 있는 마부를 보고 말없이 말 위에 올랐습니다. 그리고는 한마디 던집니다.

"내 이름자에 다행히 돌 석(石) 자가 들어갔으니 망정이지 기와 와(瓦) 자가 들어간 왕안와였으면 산산조각이 났겠구나."

이쯤 되면 성인군자가 따로 없습니다. 어쨌든 왕안석은 분노를 그렇게 넘어섰습니다. 그의 말 한마디에 주위 사람들은 한바탕 웃었고 긴장된 분위기도 누그러졌습니다. 그런데 이제부터가 중요합니다. 왕안석은 그냥 넘어가진 않았습니다. 채찍으로 가볍게 마부의 엉덩이를 툭 치고는 다시 길을 가기 시작했습니다. 마부에게 경고의 메시지를 멋지게 던진 겁니다.[8]

---

8. 『사람을 이해하는 기술』, 진웨준 저, 한혜성, 황선영 공역, 엘도라도, 2007

왕안석을 가리켜 세종대왕은 '재주는 많지만, 소인'이라고 평했고 그에게는 포용력이 없었다는 비판도 있습니다. 그럼에도 마부에게 보여준 에피소드를 보면 그가 다르게 보입니다. 품격 있게 화를 내는 것이 어떤 것이지 한 수 배우게 됩니다.

4부

"50

통하는 대화, 막히는 대화

"인생에서 가장 훌륭한 것은 대화다. 그리고 대화를 완성하는 가장 중요한 것은 신뢰 관계를 두텁게 하는 것이다."

— 랄프 왈도 에머슨(미국의 시인)

사람을 이해하는 법

"그럴 만한 사정이 있겠지"

인생살이에서 진심으로 나를 이해해주는 사람이 있다면, 그래서 나를 숨김없이 열어 보일 수 있는 상대가 있다면 그 얼마나 멋지고 풍요로울까요? 그러나 현실적으로 그것이 쉬운 일은 아닙니다. 갈수록 경쟁이 치열해지고 '너 죽고 나 살기'의 삭막한 세상에서 그런 사람을 만난다면 보통 행운이 아닙니다.

역설적으로 당신은 상대에게 그런 사람이 되기를 권합니다. 그리고 그것은 대화로써 가능한 것이며 그것을 통해 당신의 품격은 비교할 수 없이 높아질 것입니다.

통하는 대화, 막히는 대화

인간관계의 표상으로 춘추시대의 관중(管仲)과 포숙아(鮑叔牙)의 관계를 꼽습니다. '관포지교(管鮑之交)'라는 말이 두터운 우정을 뜻하는 것도 그래서입니다. 관중과 포숙아는 어릴 때부터 친한 친구였지만 성격은 매우 대조적이었습니다. 관중은 비교적 머리 회전이 빠르고 시세의 변화에 잘 대처하는 데 비하여 포숙아는 정의를 위해서 자신의 주장을 굽히지 않는 우직한 성격이었습니다. 그러나 그 둘의 관계가 어땠는지는 관중이 이야기에 잘 나타납니다.

포숙아와 장사를 할 때 늘 이익금을 내가 더 많이 가져갔으나 그는 나를 욕심쟁이라고 탓하지 않았다. 내가 가난하다는 걸 알고 있었기 때문이다. 또 사업이 실패하여 그를 궁지에 빠뜨린 일이 있었지만 그는 나를 용렬하다고 여기지 않았다. 일에는 성패가 있다는 걸 알고 있었기 때문이다. 나는 벼슬길에 나갔다가 물러나곤 했지만 그는 나를 무능하다고 말하지 않았다. 내게 운이 따르지 않다고 이해해줬기 때문이다.

그뿐 아니다. 나는 전쟁터에서 도망친 적이 여러 번 있었지만 그는 나를 겁쟁이라고 하지 않았다. 내게 늙은 어머니가 계신 걸 알고 있었기 때문이다. 아무튼, 나를 낳아주신 건 부모이지만 나를 알아준 사람은 포숙아다.

관포지교를 떠올릴 때마다 포숙아가 어떻게, 어떤 말로 관중을 이해하고 응원했는지 그의 품격을 떠올리게 됩니다. 우리는 상대를 제대로 이해하지 못하고 함부로 평가하고 재단함으로써 상대를 아프게 할 뿐 아니라 결국 자신의 품격이 무너지는 경우를 많이 경험하게 됩니다.

우리나라를 '동방의 등불'이라고 칭한 시로 잘 알려진 인도의 시인 타고르에 얽힌 에피소드 중에 이런 이야기가 있습니다.

어느 날, 집안일을 봐주는 하인의 출근이 늦어지자 타고르는 은근히 화가 나기 시작하였습니다. 시간이 많이 흘렀음에도 그가 나타나지 않자 타고르는 내심 '이 녀석 나타나기만 하면 혼내주리라' 작정했고, 시간이 흐름에 따라 참지 못할 분노로 변했습니다.

오후 늦게야 모습을 드러낸 하인에게 타고르는 다짜고짜 자기의 집에서 나갈 것을 명령했습니다. 그러자, 주섬주섬 자신의 짐을 챙겨 나가던 하인은 뒤돌아서서 마지막 인사를 올린 후 "주인님, 정말 죄송합니다. 어젯밤 제 딸년이 죽어서…"라며 말을 잇지 못하는 것이었습니다.

이 충격적인 일이 있은 후부터 타고르는 어떠한 경우라도 상대방의 사정을 알아보지 않고는 남을 탓하거나 독단적인 판단을 내리지 않았다고 합니다.

통하는 대화, 막히는 대화

예전, 내가 근무하던 사무소의 신입사원 L은 짠순이로 소문났었습니다. 사원들끼리의 뒷담화에 의하면 그녀로부터 점심식사는 고사하고 커피조차 얻어 마셔본 적이 거의 없다는 것입니다. 입사한 지 얼마 되지 않은 신입으로서 선배들에게 잘 보이려 애써야 할 입장인데 그렇지 못하다는 것입니다. 여사원들끼리 모임이 있을 때도 이런 저런 핑계를 대며 빠진다고 했습니다. 그래서 밉상으로 낙인찍혔고 왕따당하는 신세가 됐습니다. 그러나 얼마 지나지 않아 오랫동안 앓던 그의 아버지가 세상을 떠났고 그 후에 그녀의 사정이 상세히 알려졌습니다. 그녀가 신입사원의 박봉으로 어려운 가정의 4식구를 부양하는 실질적인 가장이었다는 것이.

그녀가 밉상으로 뒷담화의 대상에 오를 때 솔직히 나도 그에 동조했었습니다. 그러나 이 일은 내게 큰 인상을 남겼습니다. 그 후로는 남을 함부로 평가하지 않는다는 나름의 원칙을 세우는 데 일조했고요.

이런 사례들을 보면 우리는 자기의 관점에서만 남을 평가하는 것이 얼마나 위험한 일이며 상대방의 실체나 입장과 얼마나 거리가 먼 것인가를 깨닫게 됩니다. 더욱이 함부로 평가절하하거나 비난해서는 안 된다는 교훈을 얻습니다. 남을 이해하는 창문의 크기를 훨씬 더 크게 열어야 함을 깨닫습니다.

다른 이의 말과 행동이 비위에 거슬린다면 문득 '저럴 만한 사정이 있을지 모른다'고 생각하는 여유를 가질 필요가 있습니다. 그렇게 되면 약속 시간을 어기는 친구에 대하여 불평하기 전에 그의 안위를 걱정할 것이며, 상사나 동료들과 어울리지 않는 사원의 행동이 성실한 삶의 자세로 달리 보일 수도 있습니다. 또한 사람을 보는 눈이 달라지고 입장을 이해하려고 노력하면 말 또한 달라질 게 분명합니다.

나의 판단과 잣대만이 옳다고 경솔한 판단을 내기에 앞서 타인의 입장과 말과 행동에 '그럴 만한 사정이 있을 것'이라고 생각하는 마음의 여유를 가질 때 당신의 품격 또한 그만큼 여유로워질 것입니다.

통하는 대화, 막히는 대화

젊은 세대와 대화하는 법

젊은이와 대화할 때 이것만은 지키자

수년전 서른 살 정도 되는 젊은 기자를 만나 인터뷰에 응했을 때입니다. 인터뷰의 목적은 70대의 나이 든 사람이 유튜버로 활동하는 것을 취재하기 위해서였습니다. 인터뷰가 끝날 무렵 그가 말했습니다.

"선생님과 이야기를 나누면서 세대차를 못 느꼈습니다."

이 말은 최근 수년 동안에 내가 들어본 최고의 칭찬으로 기억합니다. 그녀가 그렇게 생각한 데는 아무래도 유튜브라는 공통의 화제가 있었기 때문일 것이라고 생각합니다. 인터뷰 내용이 유튜브에 관한 것이니 당시에 가장 핫한 이슈였고, 젊은이 중에도 유튜브를 하지 않은 사람이 많은 터에 은퇴할 나이의 꼰대가 그것에 대해 이야기하니 자연스럽게 귀를 기울이게 되고 말이 통했을 것입니다. 나의 경험담이 그에게 소중한 정보가 됐을 게 틀림없습니다. 그러니 세대 차이 운운할 게 없습니다.

그 일을 계기로 젊은이들과 대화를 나눌 기회가 있을 때마다 여러 모로 반응을 깊이 관찰했습니다. 오십쯤 되면 어디를 가나 나보다 나이가 많은 세대도 있고 어린 세대도 있을 것입니다. 윗세대와의 대화는 일단 제쳐두고 젊은 세대와 대화를 할 때 어떻게 하면 꼰대 소리를 듣지 않고 품격 있는 선배 또는 어른으로 대접받을지를 정리해봤습니다. 어린 후배나 부하직원과 대화를 나눌 때 다음의 요령을 지키면 적어도 대화 상대로서 호감을 살 수 있을 것입니다.

첫째, 말허리를 자르지 말기.

"기성세대와 대화를 나눌 때 가장 짜증나는 게 뭔지 아세요?"

이 책을 쓰려고 사례를 조사하기 위해 만났던 30대 초반의 직장인이 내게 반문했습니다. 그리고는 스스로 답을 내렸습니다.

"제발 말허리를 끊지 마세요. 나이 든 사람들은 저희 이야기가 끝나기도 전에 성급하게 말을 가로막고 자기주장을 펴거나 말꼬리를 잡고 늘어지는데 그렇게 되면 그다음부터는 말을 섞고 싶지 않습니다. 정말 짜증납니다."

통하는 대화, 막히는 대화

듣고 보니 기성세대의 화법이 그런 것 같습니다. 말허리를 자르고 끼어드는 행위는 대화에 있어서 일종의 간섭이나 충돌 또는 방해에 해당합니다. 데보라 태넌은 『남자를 토라지게 하는 말, 여자를 화나게 하는 말』에서 그것을 일종의 '약탈'이라고까지 말했습니다.

당신의 대화습관을 점검해보세요. 혹시라도 말허리를 자르는 습관이 있다면(특히 얼굴이 보이지 않는 상태에서 이뤄지는 전화 통화 시에 말허리 자르기가 수시로 일어납니다) 신경을 바짝 써서 호흡을 가다듬고 느긋이 쉬어서 말하는 습관으로 바꿔야 합니다.

둘째, '진짜' 잘 들어주기.

'잘 들어주기'라는 말 앞에 '진짜'라는 수식으로 강조했습니다. 경청이 중요하다는 것은 앞에서도 말했으니 여기서 강조하기 위해 '진짜'라는 수식을 더했습니다. 더 긴 이야기는 하지 않겠습니다.

셋째, 가르치지 말고 제안하기.

상사나 선배의 지위에 있으면 자신도 모르게 상대를 가르치려 합니다. 이것은 꼰대의 특징 중 하나요, 젊은이들이 가장 싫어하는 화법입니다.

아무쪼록 가르치려 하지 말고 제안하세요. 가르침이 수직적 소통을 의미한다면 제안은 수평적인 것입니다. 평등까지는 아니더라도 상대를 존중한다는 것이요 한편으로는 겸손을 내포합니다. 명령이 아니라 동의를 구하는 것입니다.

"이것을 이렇게 하라"가 아니라 "이렇게 하면 어떨까?"라고 말하세요. 그게 그거 아니냐고요? 말이란 '아' 다르고 '어' 다릅니다. 부사나 형용사를 사용하느냐 아니냐에 따라 말의 감정이 다르고, 명령형이냐 의견제시형이냐에 따라 받아들이는 감정이 달라집니다.

넷째, 나 전달법(I-Message)으로 말하기.

'나 전달법'이란 자신의 감정을 중심으로 말하는 것입니다. 반대로 상대의 잘못이나 불합리함을 지적하여 말하는 것이 '너 전달법(You-Message)'입니다. 대화를 나눌 때 너 전달법을 사용하면 자연히 어떤 사실에 대한 잘못이나 불합리함을 지적하게 되니까 가르치는 게 되어 상대의 감정이 상하기 쉽습니다. 그뿐 아니라 상대는 자신의 입장이나 말이 왜 합리적인지를 옹호하고 반박하게 됩니다. 이렇게 되면 자칫 감정적 대립으로 흐를 수가 있습니다.

따라서 대화를 할 때 솔직한 자신의 느낌을 말하면 됩니다. 말 그대로 내가 받게 된 느낌을 전달하면 됩니다. 절대로 상대를 평가하거나 비난해서는 안 됩니다.

"이야기는 잘 들었는데 솔직한 나의 입장을 말하자면…", "좀 껄끄러운 말이 되겠지만 내 생각으로는…", "내 의견에 대해 어떻게 생각하는지 궁금합니다", "이건 어디까지나 나의 의견일 뿐…" 하는 식으로 말입니다.

강조하건대 나 전달법이란 결국 상대를 비판하거나 평가하지 않고

통하는 대화, 막히는 대화

내 의견을 말하는 호의적인 대화의 빙식입니다. 이런 나 전달법의 강점을 이해하고 적극 활용함으로써 품격 있는 상사나 선배로서 호감을 얻을 수 있습니다.

다섯째, 꼰대식 말투 버리기.

나이 들면서 목소리와 발음이 변하고 어조가 바뀌는 것은 어쩔 수 없습니다. 그러나 짜증 내는 듯한 말투, 나무라는 듯한 말투, 아이 다루는 듯한 말투, 퉁명스러운 말투, 명령투의 위압적인 말투, 사람을 깔보고 무시하는 말투, 귀찮아하는 듯한 말투 그리고 다짜고짜 반말 투를 조심해야 합니다. 그런 말투로 말하면 상대방은 대화할 맛이 싹 사라질 테니까요.

'잔소리'라는 고질병

가르치려 하기 전에 품격 연마를

맹자가 말했습니다.

"사람들의 고질병은 남의 스승이 되는 것을 좋아함에 있다(人之患在 好爲人師, 인지환재호위인사)."

누구나 남을 가르치려고 하는 데 이것은 고치기 힘든 고질병이란 말입니다. 하물며 나이가 들어갈수록 더할 것이 틀림없습니다. 경험 이 더 많아 할 말이 많을 것이니까요.

상대에게 도움이 되도록 가르쳐주려는 의도는 이해하지만 상대방 이 그렇게 받아들이지 않는 게 문제입니다. 스승이 되려 하지만 상대

통하는 대화, 막히는 대화

는 꼰대의 괜한 참견 또는 잔소리로 받아들입니다. 특히 세대 간에 대화를 막고 소통을 막는 대표적인 것이 바로 '잔소리'입니다.

이 잔소리라는 게 참 묘합니다. 같은 말(잔소리)이라도 듣는 사람과 말하는 사람 사이에 큰 편차가 발생합니다. 듣는 사람 입장에서는 쓸데없는 참견, 자질구레하고 시시콜콜한 이야기, 어설픈 가르침이기에 잔소리지만, 말하는 사람으로서는 그게 아닙니다. 쓸데없는 것이 아니라 쓸 데 있는 것이고, 참견이 아니라 도움을 주는 것이며, 자질구레하고 시시콜콜한 것이 아니라 세심한 배려라고 생각합니다. 했던 말을 되풀이하는 이유는 그것이 그만큼 중요하다고 믿기 때문입니다.

그뿐 아니라, 설령 가치 있는 좋은 말이라도 '잔소리 프레임'에 갇히면 골치 아픕니다. 어떤 말을 해도 소용이 없습니다. 말하는 사람으로서는 아무리 요긴한 가르침이고 좋은 조언이라고 해도 받아들이는 입장에서 잔소리라면 잔소리가 됩니다.

잔소리라는 용어 자체가 듣는 사람 입장에서 표현한 단어입니다. 말하는 사람은 잔소리라고 하지 않습니다. 중요한 조언이고 '굵은 소리(?)'라고 할지 모릅니다. 잔소리와 조언의 차이를 몇 가지를 살펴보면 금방 이해가 갈 것입니다.

1. 듣기 싫은 말을 들으면 잔소리, 듣고 싶은 말을 들으면 조언

2. 싫은 사람이 말하면 잔소리, 좋은 사람이 말하면 조언

3. 귀찮으면 잔소리, 즐거우면 조언

4. 들을 때 마음이 불편하면 잔소리, 즐거우면 조언

5. 감정적으로 들으면 잔소리, 이성적으로 들으면 조언

6. 듣는 사람이 잔소리라면 잔소리, 조언이라면 조언

결국 잔소리냐 아니냐는 듣는 사람에게 달려 있습니다. 그러면 이걸 어쩐다? 결론은 말하는 사람의 품격과 자질이 중요합니다. 같은 말이라도 말하는 사람이 존경할 만하고 품격 있는 사람이라면 잔소리가 아니라 인생의 귀한 조언으로 생각할 것이니까. 반면에 상대가 품격은 고사하고 싫은 사람이라면 아무리 좋은 조언이라도 잔소리로 들릴 수밖에 없으니까.

그래서 '무엇을 말했느냐가 아니라 누가 말했느냐가 중요하다'는 말이 있습니다. 탁견입니다. 똑 같은 말이라도 공자가 말한 것과 아버지가 말한 것은 하늘과 땅입니다. 전자의 말은 고전이 되고 조언이 되지만 후자의 말은 잔소리가 됩니다. 평소에 품격 있는 언행으로 존경받는 상사가 조언을 하면 그건 잔소리가 아니라 가르침이고 충고가 되지만, 존경받지 못하는 사람이 그리하면 당연히 잔소리고 쓸데없는 소리로 들립니다.

따라서 우리는 잔소리의 성격과 상대방의 심리를 이해하고 함부로

통하는 대화, 막히는 대화

조언하기를 조심해야 합니다. 『명심보감』에서는 '入山擒虎(입산금호)는 易(이)나 開口告人(개구고인)은 難(난)이니라(산에 들어가 호랑이를 잡기는 쉽지만 입을 열어 다른 사람에게 충고하기는 어렵다)'라고 했습니다. 호랑이를 잡기 보다 충고하는 게 더 어렵다는 말입니다. 그러니 충고를 삼가라는 의미도 됩니다.

더구나 요즘 젊은 세대는 기성세대를 잔소리 프레임에 가둬놨습니다. 아무리 좋은 말을 해도 잔소리로 치부한다는 말입니다. 잔소리 프레임에 가두면 어떤 말이든 귀에 들어오지 않습니다. 그러므로 혹시 내가 괜한 참견을 하고 있는지, 꼰대로서의 훈수 본능이 작동하는 것은 아닌지 돌아봐야 합니다.

또한 조언이나 충고를 아끼고, 그보다 먼저 사람들로부터 존경받는 품격을 갈고닦는 것이 우선입니다. 그러면 무슨 말을 해도 좋은 조언으로 받아들일 테니까요.

코드 안 맞는 사람과 대화하기

의견이 달라도 대화해야 한다면

우리 사회의 가장 큰 문제의 하나는 진영 간 싸움이 너무 심하다는 것입니다. 우파, 좌파, 진보, 보수라는 틀에 갇혀서 서로 삿대질하며 핏대를 올립니다. 대화가 되지 않습니다. 논리가 통하지 않습니다. 분명히 상식적으로, 보편적 가치로 잘못된 것임에도 자기편이라면 이유 불문, 닥치고 '옳소'입니다. 이건 정치인들만 그런 게 아닙니다. 학교 동창생들이 만났을 때도, 친한 직장 동료 간에도 정치에 관한 얘기가 나오면 게거품을 뿜습니다. 그러고는 낯을 붉히고 썰렁하게 헤어집니다. 만나지 않은 것만 못합니다.

통하는 대화, 막히는 대화

이렇게 의견이 전혀 다른 사람과 대화하게 될 때는 어떻게 대응하는 게 좋을까요? 솔직히 이건 방법이 없습니다. 왜냐면 이미 서로 뚫기 힘든 두꺼운 장벽이 있기 때문입니다. 그런 상황에서 눈치 없는 사람은 꾸역꾸역 자신의 생각만을 상대에게 설파하느라 흥분하고 목소리를 높입니다.

애써서 에너지 소모하며 그럴 필요 없습니다. 설령 상대가 설득당한 것처럼 물러서도 설득된 게 아닙니다. 귀찮으니까 입을 다물 뿐입니다. 괜히 그런 논쟁에 휘말려 자기의 속내만 노출한 꼴이 되고 나아가 공들여 쌓아 올린 인간관계의 탑만 무너뜨리고 맙니다.

이렇게 의견이 전혀 다른 사람, 코드가 안 맞는 사람과 어떻게 대화를 나눌까요? 사실은 피하는 게 가장 좋습니다. 무서워서 피하는 게 아닙니다. 의견이 전혀 다를 뿐만 아니라 어떤 논리로도 설득이 안 되는 벽창호와 굳이 대화를 할 필요는 없습니다.

그럼에도 자리를 함께해서 대화를 아니 할 수 없는 상황에 처한다면 어떻게 해야 할까요? 자리를 박차고 나갈 수도 없는 노릇이고 입을 딱 다물고 침묵할 수만도 없습니다. 코드가 안 맞는 사람, 의견이 전혀 다른 사람과 대화해야 할 때 지켜야 할 5가지 원칙이 있습니다.

첫째, 설득하지 말 것. 절대로 상대를 설득하려고 애쓰지 마세요. 사람은 쉽게 설득되지 않습니다. 당신은 설득하려고 하지만 상대는 당신의 이야기를 듣지 않고 반론을 생각합니다. 상대를 설득하려 들면 들수록 상대는 당신을 설득하려 할 것입니다. 그럴수록 상대는 마음의 문을 단단히 걸어잠그고 당신은 당신대로 가슴이 답답해집니다. 결국 평행선을 달리고 입만 아픕니다. 그러니 설득할 생각을 버리세요.

둘째, 사람을 공격하지 말 것. 대화를 하다가 설득이 안 되면 속이 상하게 되고 왠지 패자의 기분이 됩니다. 대화는 싸움이 아닙니다. 이길 것도 질 것도 없습니다. 그냥 자신의 의견을 말하면 그뿐입니다. 상대가 받아들이냐 아니냐는 그가 알아서 할 일입니다. 그러니까 논점이나 팩트만 말하면 됩니다. 그런데 자칫하면 속이 답답한 나머지 "네가 그렇게 말하다니 실망이다", "너는 그렇게 배웠냐?", "너는 아주 고집불통이구나" 하는 식으로 사람을 공격하기 쉽습니다. 이렇게 되면 대화가 엉뚱한 일을 파생시킵니다. 감정이 상하게 되고 결국 사람마저 잃게 됩니다.

셋째, 절대 흥분하지 말 것. 의견이 다른 사람과 대화를 나누다 보면 속이 답답한 나머지 슬슬 흥분하게 됩니다. 어떻게 해서든 상대를 설복시키려 하다 보니 대화가 게임의 양상을 띠게 됩니다. 흥분하면 목소리가 커지고 말이 빨라집니다. 때로는 얼굴이 굳고 화난 표정이 됩니다. 그럴 필요는 절대로 없습니다. 오히려 대수롭지 않다는 듯이 슬그머니 논쟁에서 빠져나오는 게 기술입니다.

넷째, 억지를 부리지 말 것. 대화를 나누다 보면, 그래서 상대를 설득하려다 보면 상대는 나름의 반론을 제기할 것입니다. 이때 냉정히 판단할 필요가 있습니다. 즉 처음에는 상대의 의견에 문제가 있다고 생각했는데 대화를 나누다 보니 상대의 말에 일리가 있음을 발견하는 것입니다. 이런 판단이 섰는데도 괜히 물러서기가 싫어서 억지를 부리면 안 됩니다. 속으로는 자기의 주장이 밀린다는 것을 알면서 어깃장을 놓지 마세요. 솔직히 인정하고 물러설 때는 물러서야 합니다. 이럴 때야말로 지는 게 이기는 것이요, 품격을 지키는 것입니다.

다섯째, 오래 끌지 말 것. 일시적으로 의견이 다른 사람과는 대화가 가능하지만 애당초 코드가 안 맞는 사람과는 대화 자체가 힘듭니다. 상대가 그런 사람이라면 대화를 오래 끌 이유가 없습니다. 의견일치가 안 되면 화제를 빨리 다른 것으로 돌려야 합니다. 그것도 힘들다면 빨리 자리를 뜨는 것이 좋습니다. 기분 나쁜 사람과 스트레스 받으며 자리를 함께할 이유는 없으니까요.

"우리는 상대가 말하는 동안 자신의 반응을 준비한다. 상대의 말을 듣는 동안 우리 자신의 말을 구성한다. 말할 기회가 오면 최대한 빨리 그 기회를 포착하기 위해서."

— 스티븐 레빈슨(심리언어학자)

입장이 다른 상대와 대화하는 법

이해하지 말고 최대한 존중하기

서로 코드가 안 맞고 의견이 다른 사람과는 대화가 불가능할까요? 그냥 건성으로 대하면 되는 건가요? 인간관계를 끊어야 할까요? 그렇지 않습니다. 얼마든지 좋은 대화를 할 수 있습니다.

대화가 어렵고 소통이 잘 안 되는 이유는 무엇이라고 생각합니까? 말이 통하지 않는 이유는 무엇일까요? 대화란 갈등을 조정하고 해소하는 것. 말만 번지르르하고 마음에 없는 말을 주고받는 것은 대화라고 할 수 없습니다. 진정한 대화는 역시 통해야 하고 갈등을 해소할 수 있어야 합니다. 그러나 대화를 할수록 속이 답답해지는 고구마 같은 사람이 있습니다.

그런 사람과의 대화는 왜 쉬운 듯하면서도 어려울까요? 그 이유는 의식 구조가 달라서 그럴 수도 있고 성격 차이 때문일 수도 있습니다. 그중에서 가장 중요한 이유는 입장의 차이 때문입니다. 부하와 상사의 갈등도 결국은 입장의 차이 때문이고, 아내와 남편 사이에 말이 통하지 않는 것도 입장의 차이 때문인 경우가 대부분입니다.

입장이 다르면 생각이 다르고 논리가 달라집니다. 그러기에 설득이 힘들고 진정한 대화가 어렵습니다. 그럼 입장 차이를 어떻게 해소할까요? 입장이란 이미 고정된 입지요 상황입니다. 그러므로 그 자체의 차이를 해소하려면 상대의 입장이 돼야 하는데 이건 현실적으로 어렵습니다. 그래서 나오는 답이 '서로를 이해하라'는 공자 같은 말입니다.

상대방을 이해하려면 상대방의 입장이 되어 그 감정과 사고방식이 돼야 하는데 그게 쉬운 일이 아닙니다. 태어난 시대가 다르고 자라난 환경이 다른데 어떻게 그 감정과 사고방식을 이해할 수 있습니까? 성 역할이 다르고 직장에서의 역할이 다른데 어떻게 상대방의 감정과 사고방식을 이해할 수 있을까요? 상상력을 최대한 동원하라지만 제아무리 상상력을 발휘해도 상대의 처지, 감정, 생각을 똑같이 이해하기는 거의 불가능합니다.

그럼 어떻게 하면 상대를 이해할 수 있을까요? "닥치고 이해!", "무조건 이해!"를 부르짖지만 그것은 근본적인 해결책이 못됩니다. 그런 식으로 대화한다면 겉 다르고 속 다른 대화가 될 게 뻔합니다.

그러면 방법이 없을까요? 있습니다. 아주 간단하고 편리한 방법입니다. 그것이 바로 '존중'입니다. 이해는 이상이지만 존중은 현실입니다. 이해는 공감하는 것이지만 존중은 인정하고 수용하는 것입니다. 이해는 감정이고 느낌이지만 존중은 의지요, 결단이요, 선택입니다.

이해와 존중의 차이를 설명할 때 내가 즐겨 인용하는 것이 있습니다. 책에도 여러 번 인용했고 강의 때도 많이 언급합니다. 바로 영화 〈흐르는 강물처럼〉의 마지막 장면입니다. 노먼 맥클레인의 자전적 소설을 바탕으로 한 이 영화는 미국 몬태나주의 아름다운 자연을 배경으로 플라이 낚시를 좋아하는 것 외에는 성격이 전혀 다른 두 형제가 주인공입니다.

기존의 가치를 소중하게 여기는 형 노먼과 자유로움을 추구하는 신세대 동생 폴은 삶의 방식 때문에 자주 다툽니다. 때때로 격렬한 언쟁을 벌이며 갈등합니다. 형제간에도 그러니 구세대인 아버지는 말할 것도 없습니다. 맏아들 노먼과는 통하지만 막내인 폴과는 대화가 어렵습니다. 그러면서도 삼부자는 서로를 아끼고 사랑합니다.

그러던 어느 날, 반항아적 기질로 톡톡 튀던 동생 폴이 불의의 사고로 목숨을 잃게 됩니다. 깊은 슬픔에 빠진 아버지 맥클레인 목사는 은퇴를 하기로 하고 마지막 설교를 하는데 마지막을 이렇게 장식합니다.

통하는 대화, 막히는 대화

"우리는 온전히 이해할 수는 없어도 온전히 사랑할 수는 있다(We can love completely without complete understanding)."

자신의 아들 폴을 온전히 이해하지는 못했지만 온전히 사랑했다는 말입니다. 이 장면은 '이해와 존중'의 차이를 설명하는 데 딱 좋습니다. 이 대사에서 사랑을 존중으로 바꾸면 답이 나옵니다. 그러면 이런 말이 됩니다.

"우리가 서로를 온전히 이해할 수는 없더라도 온전히 존중할 수는 있다."

어떻습니까? 이제 생각이 다르고 입장이 달라도 충분히 대화가 가능할 것입니다. 상대를 이해하려 하지 않고 존중하면 되니까요. 이해할 수는 없어도 존중할 수는 있으니까요. 이해는 감정이지만 존중은 의지이고 결단이니까요.

존중하면 상대를 함부로 대할 수 없습니다. 상대의 의사와 입장을 인정할 것입니다. 존중하면 상대의 말에 귀 기울이게 됩니다. 경청하고 수용할 것입니다. 존중하면 배려하게 됩니다. 상대를 위하고 상대에게 도움이 되게 할 것입니다. 그러다 보면 서로 이해하는 순간이 올 수도 있습니다.

입장이 다른 사람, 의견이 다른 사람과 대화할 때마다 속으로 되뇌어보세요. 이해는 못 하더라도 존중은 하겠다고.

진정한 소통과 공감을 위해

대면 대화에 적극적으로 나서기를

우리가 대화를 하는 이유와 목적은 여러 가지이지만 가장 근본적인 이유는 너와 내가 소통하기 위함입니다. 그리고 소통이 제대로 되려면 뭐니 뭐니 해도 공감이 전제되거나 결과로 끌어내야 합니다. 공감(共感)이란 한자에서 보듯이 동일하게 느끼는 것이요, 함께 느끼는 것입니다.

공감의 개념이 중요하게 다뤄지기 시작한 것은 19세기 말로써 독일어 Einfühlung으로 표현됐는데 ein(안에)과 fühlen(느끼다)이 결합된 것에서 알 수 있듯이 마음 안에서 느끼는 고통이나 감정을 의미합니다. 결국 공감 능력이란 '그럴 수 있겠다', '이해가 된다', '이심전심 (以心傳心)' 등의 표현에서 나타나는 바와 같이 상대방의 느낌, 감정, 사고 등을 정확히 이해하고, 이해된 바를 정확하게 상대방과 소통하는 능력입니다.

공감이 동정과 다른 것은 공감은 타인의 감정과 그 감정을 유발한 원인을 공유(공감)하는 것임에 비하여, 동정은 타인이 경험한 감정에 대해 자기 일처럼 알아주거나 가엾게 여기는 마음입니다.[9]

우리가 공감 능력을 중하게 여기는 이유는 그것이 진정성 있는 소통을 가능케 하여 결과적으로 '사람의 마음을 얻고', '사람을 모으는' 효과를 발휘하기 때문입니다. 그러므로 세상을 살면서 사람의 마음을 얻고자 한다면 반드시 공감 능력이 발휘돼야 합니다. 특히 리더가 되고자 하는 사람에게 공감 능력은 매우 중요한 능력입니다. 그래야 팔로워의 마음을 얻고 따르게 할 수 있기 때문입니다.

이렇듯 중요한 공감 능력을 실현하는 대표적인 수단이 바로 대화입니다. 사람들은 대화를 통해 의사를 교환하는 것 이상으로 감정을 교환합니다. 그럼으로써 공감대를 형성하며 그것을 소통의 목표로 삼기도 합니다.

---

9. 네이버 지식백과 참조

그런데 실상은 어떻습니까? 사람들은 사람과의 대화보다 스마트폰에 푹 빠져있으며 코로나 팬데믹은 비대면의 일상화를 급속히 진전시켰습니다. 직장에서도 마찬가지입니다. 신입사원이 되면 당연히 함께 모여 합숙 교육을 하는 것으로 회사생활이 시작됐습니다. 그럼으로써 '입사동기'라는 끈끈한 유대가 이뤄지기도 합니다. 그런데 지금은 어떻습니까? 비대면의 온라인 교육으로 대체됐습니다. 그러니 감정적 교류가 일어나기 힘들고 공감이 떨어짐으로써 한솥밥을 먹는 식구로서의 끈끈함도 사라지고 있습니다.

스마트폰을 통한 화상통화나 컴퓨터 화면을 통한 온라인 대화가 훨씬 경제적이고 능률적이라고 항변하는 사람도 있습니다. 회의나 교육을 위해 집합할 필요도 없고 먼 거리를 오고 가지 않으니 시간과 경비도 절약할 수 있다고 합니다. 언뜻 생각하면 매우 발달된 소통 방법이고 회의나 교육 방식 같은 생각이 들 것입니다. 그러나 작은 것을 얻는 반면에 큰 것을 잃게 됩니다.

형식적이고 사무적인 교감은 달성할 수 있지만 진정한 공감과 소통은 멀어집니다. 화면을 통해서도 얼마든지 대화가 가능하지 않냐고 반문할 것입니다. 그러나 화상으로 이뤄지는 대화와 대면 대화는 질적으로 크게 다릅니다.

비디오나 컴퓨터의 영상으로 대화가 이뤄질 경우에는 공감을 끊임없이 방해받습니다. 화면으로 보이는 영상은 상대의 미묘하고 섬세한 표정 변화, 감정 상태를 제대로 담아내지 못합니다. 심리학자를 비롯한 전문가에 따르면 화상회의를 통한 소통이 두뇌와 심리 상태에 치명적 결과를 초래할 수 있다고 합니다. 즉 화상을 통한 대화와 소통이 현실의 대화를 재현하는 듯한 착각을 주지만 완전히 다른 방식으로 작동한다는 것입니다.[10]

공감의 수준은 상대의 말투와 표정, 얼굴빛과 숨소리, 제스처 등 현장에서 직접 대면해야만 깨달을 수 있는 아주 작고 미묘한 변화의 차이로 달라지기 때문입니다. 그러니 공감의 수준을 높이려면 대면의 대화가 필수적입니다.

우리는 현실에서 말뿐 아니라 표정과 몸짓으로도 대화합니다. 비언어적 소통이 대화에서 오가는 정보의 70~93퍼센트를 차지할 정도로 비중이 큰 것은 이미 잘 알려진 사실입니다. 우리는 상대의 미세한 표정 변화를 읽으며 대화를 이어갑니다. 상대의 표정을 통해 상대가 어떤 감정 상태인지를 실시간으로 알아낼 수 있고 그럼으로써 공감의 깊이가 깊어지는 것입니다.

그뿐만 아니라 우리는 대화에 몰입하면서 무의식중에 상대의 표정에 반응하고 흉내를 냅니다. 사람이 상대방의 표정에 반응하는 시간은 말 그대로 찰나의 시간입니다. 특히 기쁜 표정을 더 잘 읽어내는

---

10. 《오마이뉴스》, 2020. 6. 18, '원격수업은 왜 끔찍한가' 전문가들의 이유 있는 경고

데, 이때 걸리는 시간은 0.025초 정도라고 합니다. 이렇듯 전이 현상을 통해 우리는 상대 표정에 담긴 비언어적 신호를 해독함으로써 상대의 감정을 이해하고 공감하게 됩니다. 그럼으로써 대화의 질적 수준 또한 높아지는 것입니다.

　따라서 세상은 비대면의 시대로 가고 있지만 가능한 한 대면 대화를 적극적으로 실행할 필요가 있습니다.『대화를 잃어버린 사람들』의 저자인 셰리 터클 교수의 말이 아니더라도 (대면) 대화야말로 공감 능력과 생산성 향상에 필수적입니다. 가급적 비대면의 편리한 기능 뒤에 숨지 말고 대면하여 대화를 즐기기를 권합니다. 대화는 단순히 공감을 서로 나눈 것에 그치는 것이 아니라 삶의 가치를 높이는 수단이요, 세상을 사는 즐거움의 하나이기 때문입니다.

통하는 대화, 막히는 대화

통하는 사람, 막히는 사람

소통을 판가름하는 7가지 요소

대화란 통하는 맛에 합니다. 대화법에 관한 거의 모두가 어떻게 하면 잘 통할 것인지를 다룬다 해도 과언이 아닙니다. 그러나 요령이 제아무리 많아도 상대가 어떤 유형이냐에 따라 결정적으로 대화가 막힐 수 있습니다. 즉 말이 통하는 사람이 있고 막히는 사람이 있습니다. 이건 참 중요한 문제입니다.

결혼을 앞둔 사람에게 결혼 대상자의 선택 기준으로 무엇을 꼽을지 설문하면 당연히 사람마다 차이가 있습니다. 경제적으로 고통받은 사람은 경제력을 으뜸으로 꼽을 것이고 사랑에 굶주린 사람은 애정을 선택할 것입니다. 그러나 일반적으로는 '말이 통하는 사람'을 최고로 꼽습니다. 말이 통하면 나머지는 함께 노력하면서 해결할 수 있기 때문입니다.

이혼을 할 때 부동의 제1의 원인은 '성격 차이'입니다. 그런데 이 성격 차이라는 것을 분해해보면 결국 말이 통하지 않은 것을 말합니다. 소통이 안 됨으로써 이혼까지 치닫게 됩니다. 문제는 그 소통의 문제가 상대방에게 있다고 여긴다는 데 있습니다.

조금 오래된 조사지만(지금도 크게 다르지 않을 것입니다) 행복한 커플이 되기 위한 기초 조사를 한 적이 있습니다. 온라인 프로그램 〈유 갓 챌린지드〉의 설립자인 크리산나 노스럽이 페퍼 슈워츠 워싱턴대 교수, 제임스 위트 조지메이슨대 교수와 함께 AARP, 아이빌리지, 리더스다이제스트와 같은 웹사이트에 설문지를 링크해서 전 세계 무려 10만 명을 대상으로 '커플 관계'를 조사했습니다. 그 조사 결과 최고의 커플은 '말이 통하는 친구 사이'였습니다.

이 조사를 통해 우리나라든 다른 나라든, 부부관계에서 말이 통해야 하는 것은 핵심 과제임을 알 수 있습니다. 경제적 안정이나 성관계, 애정, 자녀 문제 등은 그 이후의 문제입니다. 흥미로운 사실은 본인은 소통을 잘하고 있다고 생각하는데 상대방의 말이 안 통한다고 여긴다는 점입니다. 남성의 90%, 여성의 92%가 자신은 소통을 잘하고 있다고 생각하면서, 반면에 여성의 30%, 남성의 25%가 상대의 소통 능력이 '불만족스럽다'고 답했습니다.[11] 이렇게 상대방에게 문제가 있다고 확신하기에 부부이면서도 소통문제가 잘 안 풀리는 것입니다.

이런 문제는 비단 가정과 부부만의 것이 아닙니다. 직장을 비롯한 사회생활 전반에 비슷한 경향을 발견할 수 있습니다. 여러분 자신과 주변을 돌아보면 금방 느낄 수 있을 것입니다. 부부든 친구든 직장동료든 말이 통하는 사람이 있으면 행복합니다. 반면에 불통의 사람과 함께라면 짜증스럽고 심하면 꼴도 보기 싫어집니다. 그럼 말이 통하는 사람과 통하지 않는 사람의 차이는 무엇일까요? 그 둘은 다음 7가지의 요소에 따라 판가름 납니다.

첫째, 수준의 문제. 요즘 표현으로 '클라스'가 맞아야 합니다. 수준이 맞으면 말이 통할 것이고 너무 차이가 나면 당연히 소통에 문제가 생깁니다. 수준이 어느 정도냐에 따라 공통의 화제가 있느냐 없느냐가 판가름 날 것이니까 말입니다.

둘째, 사고방식. 사고하는 것이 유연하냐 아니냐에 따라 통하는 사람이 되고 통하지 않는 사람이 됩니다. 특히 이분법적 사고방식을 갖고 있다면 정말 답답한 사람이 됩니다. 요즘 우리 사회에서 가장 심하게 겪는 것이 바로 이 부분입니다. 정치적 이야기가 나오면 진영의 문

---

11. https://woman.donga.com/3/all/12/146158/1, 《여성동아》, 2013. 10. 11

제에 휩싸이고 우냐 좌냐에 따른 이분법적 사고로 전혀 말이 통하지 않는 것입니다. 말이 통하려면 이 사고방식의 틀부터 깨야 합니다.

셋째, 화제와 이야깃거리. 서로 간에 공통의 화제가 있느냐 없느냐에 따라 통하는 사람이 될 수도, 아닐 수도 있습니다. 이것은 첫째 요건으로 설명한 수준의 문제와 맞닿아 있지만 꼭 그런 것은 아닙니다. 지위와 배움의 격차가 크더라도 공통의 관심사와 화제가 있으면 얼마든지 통할 수 있습니다.

넷째, 도움의 여부. 경제적 도움을 말하는 게 아닙니다. 신세를 진다는 의미도 아닙니다. 상대와의 대화가 어떤 형태로든 도움이 되느냐 여부를 말합니다. 대화를 나누고 나면 뭔가 남는 게 있어야 통합니다. 상대의 말이 조언이나 정보로써 도움이 되는 것인지, 아니면 별 볼 일 없는 잡담으로만 끝나는 것인지에 따라 통하는 사람이 될 수 있고 그렇지 못할 수 있습니다. 하다못해 즐거운 여운이라도 남아야 합니다.

다섯째, 긍정과 부정의 문제. 대화를 할 때마다 호응해주고 긍정하는 사람이라면 당연히 말이 통합니다. 그 사람과 함께 있는 시간이 즐겁고 행복할 것입니다. 반면에 사사건건 삐딱한 시선으로 토를 달고 문제를 제기하는 사람이라면 정나미가 떨어질 것임이 틀림없습니다.

여섯째, 이성적이냐 여부. 자기가 뻔히 잘못된 것인 줄을 알면서도 자기주장만 펴는 사람이 있습니다. 이를테면 고집불통입니다. 무슨 말을 해도 자기 말만 제일이라고 우기는 사람이라면 불통이 됩니다.

그러나 토론을 격렬히 하더라도 모든 걸 이성적으로 냉정히 판단하고 자기를 수정할 수 있는 사람이라면 입장이 좀 다르더라도 얼마든지 통할 수 있는 사람이 됩니다.

일곱째, 양보성. 인간관계란 수학이 아닙니다. 때로는 자기가 옳음에도 불구하고 슬그머니 양보해주는 지혜가 필요합니다. 옳고 그름을 너무 수학처럼 따진다면 아무리 상대가 훌륭한 사람이라도 일단 정이 붙지 않습니다. 그런 사람과 말을 섞고 싶지 않음은 당연합니다. 대화는 논쟁도 전쟁도 아닙니다. 때로는 그냥 물러서주는 아량이 필요한 것입니다.

사람들과 잘 통하는 사람이 되고 싶다면 이 7가지 조건에 비춰 자신을 돌아보세요. 이 조건에 맞춰 사람을 사귀고 관계를 맺어간다면 서로 '죽이 맞는' 좋은 관계가 될 것이지만 그렇지 못하다면 잘 통하지 않는 사람이기에 대화를 할 때 좀 더 세심하게 배려하고 신경을 써야 할 것입니다.

화법과 매너에 대하여

"봄이면 고목에서도 꽃이 핀다"

오십이란 나이에는 애매한 측면이 있습니다. 어찌 보면 인생의 최전성기라 할 수 있지만 한편으로는 내리막의 시작이기도 합니다. 직장을 비롯한 사회생활에서도 윗세대도 있고 아랫세대도 존재하는 '긴 세대'라고 할 수 있습니다. 한편으로는 아직도 창창한 젊음이라 할 수 있지만 한편으로는 품격과 겸손의 덕을 갖춰야 할 노숙한 시기이기도 합니다.

『피터팬』을 쓴 영국의 소설가 제임스 매슈 배리는 "인생은 겸손에 대한 오랜 수업이다(Life is a long lesson in humility)"라고 했는데 인생의 절반쯤 수업을 받았으면 겸손이 언행에서 잘 나타나야 합니다.

통하는 대화, 막히는 대화

사실 겸손이나 품격이란 형상이 없는 것입니다. 한마디로 '느낌'입니다. 그런데 그 겸손은 무엇으로 보여줄 수 있을까요? 두 손을 모으고 머리를 조아리면 그게 겸손일까요? 의젓한 모습이면 그게 품격일까요? 그런 것도 겸손이나 품격으로 꼽는 사람도 있겠지만 겸손과 품격을 보여주는 징표 하나가 있습니다. 반말과 존댓말이 그것입니다.

반말과 존댓말. 요즘 이것에 대한 논쟁이 심심찮게 일어납니다. 반말과 삿대질이 트레이드마크처럼 되어 있는 방송인 김구라 씨의 경우도 그중 한 사람입니다. MBC 〈라디오스타〉 시청자 게시판에는 심심찮게 그에 대한 항의 글이 올리오지만 그건 그 사람의 개성이자 방송사의 설정일 수도 있습니다. 오히려 친근하게 진행하는 수단일 수도 있고요. 그렇다고 그에게 품격을 요구할 것은 또 아니잖습니까?

일부 스타트업에서는 상사와 직원 사이에 반말을 사용하는 파격적인 조직문화를 도입하는 시대입니다. 수평적 소통을 하자면서 방송에서나 볼 수 있었던 '야자타임'을 갖고 서로 반말을 주고받는가 하면 소통을 더 잘하자며 직급을 빼고 이름에 '님'을 붙여 부르거나, 아예 닉네임으로 서로를 호명하는 것이 대기업에서도 확산하는 추세입니다. 이런 시대에 존댓말을 하자고 강조하면 항의를 받을지 모르지만 존댓말이야말로 정중한 품격의 상징이요, 잣대입니다.

식당에서의 일입니다. 위풍당당하게 보이는 손님이 종업원에게 소리쳤습니다.

"야! 물수건 좀 빨리 가져와."

그러자 아르바이트생일 것 같은 앳된 젊은이가 그의 위세에 풀이 죽은 듯 종종걸음으로 물수건을 가지러 사라집니다. 그는 과연 무슨 생각을 했을까요?

옆에서 보기도 불쾌했습니다. 그쯤 되니 위풍당당해 보이던 그가 형편없는 사람으로 보였습니다. 만약 어린 종업원에게 존댓말을 했다면 어땠을까요? "○○ 해요" 정도의 존대만 했어도 그의 풍채가 더 빛났을 것입니다. 이렇게 상황을 비교해보면 반말과 존댓말의 차이를 알 수 있습니다.

식당에서만이 아닙니다. 도처에서 '꼰대질'과 '갑질'의 현장을 발견합니다. 상대가 젊거나 앳되다는 이유 하나로 다짜고짜 닦달을 하고 하인 다루듯 반말지거리를 해대는 사람이 많습니다. 세상을 살 만큼 산 사람들이 아직도 철이 덜 든 것이죠.

나의 아버지는 남에게 반말을 하지 못했습니다. 언제나 누구에게나 존댓말을 사용했습니다. 심지어 나의 친구들에게조차 존대를 했습니다. 대학 시절 아버지에게 연유를 물어본 적이 있습니다. 왜 나의 친구들에게까지 존댓말을 하느냐고 물었더니 아버지는 빙긋이 웃으며 말했습니다.

"존댓말이 듣기에 좋지 않니?"

그 말씀이 뇌리에 깊이 새겨졌습니다. 그래서인지 나 역시 반말에 익숙하지 않습니다. 오랫동안 함께 일했던 후배에게도 웬만해서는 반말을 하지 않습니다. 아니, 못합니다. 사정이 이렇다 보니, 나이가 더 많거나 상사라는 이유 하나로 남에게 다짜고짜 반말하는 사람을 이해하기 어렵습니다.

요즘이 어떤 세상입니까? 갓난아이에게조차 교육 차원에서 존댓말을 하는 부모들이 많습니다. 그런데 나이가 많다고 아무에게나 반말을? 그러니까 꼰대라는 말을 듣는 것이고 젊은 세대로부터 존경받지 못하게 되는 것입니다.

국립수목원장을 인터뷰한 기사를 봤습니다. 마음을 끄는 말이 있었습니다. 봄이 되어 꽃을 보고 있으면 어떤 생각이 드냐는 기자의 질문에 원장이 답했습니다.

"제가 오십 중반이 되니까… 사람은 나이 들어도 좋은 어른이 되는 게 쉽지 않은 것 같습니다. 오히려 각박하고 고집스러워지죠. 하지만 오래된 고목에서는 봄이면 아주 여린 새순과 아름다운 꽃이 나와요."[12]

고목에서는 새순과 아름다운 꽃이 피는데 사람은 그렇지 못하다니…. 많은 생각을 하게 됩니다. 어른이 된다는 것은 무엇입니까? 나이 드는 것에 비례하여, 더 배려하고 더 이해하며 더 겸손해지는 것이 아닐까요?

---

12. 《조선일보》, 2017. 4. 10, '최보식이 만난 사람'

친절은 왕관보다 낫다

"가장 위대한 종교는 친절"

아내가 정기적으로 가는 병원이 있습니다. 아내는 그 의사가 "세상에서 가장 좋은 의사선생님"이라고 말합니다. 한번은 아내를 따라갔는데 아내 말이 맞았습니다. 지금까지 70여 년을 살면서 많은 의사를 봤습니다. 더구나 나는 40여 년 전인 1979년부터 친절을 연구하고 그 이듬해에 첫 책을 냈습니다. 그래서 우리나라 친절 연구의 1세대(1인자라고 말하고 싶지만 참습니다)라고 자부하는 사람입니다. 그러니 의사들을 볼 때도 친절의 시각으로 관찰하는 버릇이 있습니다.

여성인 그 의사를 볼 때마다 천사 같다는 생각을 합니다(아 참, 천사는 원래 남성이라면서요?). 오십 전후의 나이로 보이는 그는 처음부터 끝까지 온화한 미소, 낮지만 신뢰를 주는 목소리로 상담에 응합니다. 대학병원의 3분 진료(실제로는 1분 진료 같은 경우가 많습니다만)에 길들인 환자 쪽에서 혹시라도 서둘러 진료를 끝낼까봐 조바심을 갖지만 그는 환자의 넋두리에도 귀 기울입니다. 그를 만나면 하소연하고 싶은 생각이 들어 진료의 범위를 벗어난 이야기를 해도 아는 범위에서 성실히 응해줍니다. 그동안 좋은 의사를 여럿 봤지만 그만큼 품격이 돋보이는 사람은 아직 못 봤습니다. 그의 친절은 친절의 차원을 넘습니다.

그의 인격은 병원 내에서도 정평이 난 모양입니다. 아내가 다른 과에서 진료를 받을 일이 있었는데 담당 간호사가 그 의사에게서 진료를 받은 기록을 보고 말했습니다.

"교수님 정말 좋으시죠?"

깜짝 놀랐습니다. 우리 생각을 그대로 표현해줬으니까요.

"정말 좋으신 분입니다"

아내와 나의 합창(?)을 들으며 간호사가 말했습니다.

"예전에 그분과 함께 일했는데 정말 훌륭하신 분이에요."

친절과 품격의 가치를 새삼 확인했습니다.

세상이 삭막해지면서 친절이 오해를 낳은 경우마저 생겼습니다. 낮선 이가 친절하면 그 저의를 의심받기도 합니다. 백화점에서도 요즘은 고객을 보면 그냥 놔둡니다. 말을 걸면 불편해하기 때문입니다.

그러나 세상이 그렇게 변할수록 진심어린 친절의 가치는 올라갑니다. 영국의 속담에 '친절한 말은 왕관보다 낫다(Kind words are more than coronets)'는 말이 있듯이 친절하면 왕의 품격에 도달할지도 모릅니다.

그런데 나이 들수록 우리는 친절과 점점 멀어지는 것 같습니다. 쉰 살이 넘고 예순, 일흔이 되면 무뚝뚝해지는 경지(?)에 이릅니다. 삶에 지친 때문일까요? 사람이 싫어져서일까요?

새삼스럽지만 친절의 언어를 사용하기를 권합니다. 영국의 작가 아서 클라크가 말했듯이 '친절은 언어장애인도 말할 수 있고 청각장애인도 들을 수 있는' 언어요, 품격을 돋보이는 언어입니다.

우리는 원래 관계 문화를 갖고 있습니다. '관계 문화'란 가족주의(familism)라고도 하는데, 서로 관계 있는 사람, 서로 알고 있는 사람, 가족적 인간관계끼리만 똘똘 뭉쳐 지내면서 낯설고 서먹하고 가족 집단을 벗어난 사람과는 담을 쌓고 냉랭히 지내는 문화를 일컫습니다.

물론 어느 민족이든 친소(親疏)를 가리는 것은 보편적인 현상입니다. 그러나 유독 우리 한국인은 가족주의로부터 파생된 특이한 친소 구별 의식을 가지고 있어서 지나치리만치 내외(內外)집단을 강하게 구분하는 경향을 보입니다.

잘 아는 사람, 관계가 있는 사람에게는 원칙을 무시하면서까지 파격적인 대접을 하려 합니다. 그래야 서로 아는 사이로서의 의무를 다하는 것으로 생각합니다. 잘 아는 사람은 가족이나 내(內)집단 사람으로 대접하여 더할 나위 없이 다정다감합니다. 그러나 낯설고 모르는 외(外)집단의 타인들에게는 놀라우리만치 냉랭하고 쌀쌀한 일면을 보여줍니다.

밀접한 관계가 없거나 낯선 이에게는 태도가 돌변하여 무뚝뚝하고 불친절합니다. 불친절의 정도를 넘어 불안한 감정을 느끼게 되는 수도 있습니다. 낯선 사람에게는 마음의 장벽을 높이 세우는 것입니다.

오십 즈음에 이르러 친절의 가치를 한 번쯤 깊이 생각해볼 필요가 있습니다. 친절의 언어에 익숙해야 합니다. 오래된 이야기지만 전혀 바래지 않은 스토리를 전합니다. 2004년 8월 고 법정 스님이 하안거(夏安居, 여름 수행)를 마치고 돌아와 대중에게 법문을 펼쳤습니다. 그때 그는 이렇게 말했습니다.

"이 세상에서 가장 위대한 종교는 불교도, 기독교도, 유대교도, 힌두교도 아니고 친절입니다."

90일 동안 수행한 결론처럼 친절을 말했다면 분명 그만한 가치가 있음을 믿어야 합니다. 품격 있는 친절, 멋지지 않습니까?

"친절하세요. 언제나 누구에게나 친절하세요. 아침에 버스를 타고 뒤 끝에 시무룩하게 앉아 있는 이름 모를 형제에게 친절한 시선을 던지세요. 따뜻한 미소를 보내세요. 혹시 그는 삶을 비관하고, 그 버스의 종점에서 내려 자살할 것을 결심하고 떠나온 사람일지도 모릅니다. 삶을 완전히 비관하고, 삶이란 살만한 가치가 없다고 단정한 나머지 스스로 목숨을 끊기로 작정하고 그 버스에 오른 형제일지도 모릅니다. 그러나 그는 그대의 따뜻한 눈초리, 친절한 미소에 힘을 얻어 삶에 대한 새로운 의욕을 가지고, 용기 있게 새 출발할 가능성도 있는 것입니다. 언제나 누구에게나 친절하세요."

— 알버트 슈바이처

통하는 대화, 막히는 대화

웃음대화법을 아시나요?

웬만하면 '허허' 웃어넘기기

유튜브를 통해 '나이 들어서 꼭 실천해야 할 대화법'을 시리즈로 방송한 적이 있습니다. 그중 하나가 '웃음대화법'으로 웬만한 것은 그냥 "허허, 웃어넘기시라"였습니다. 지금 원고를 쓰다가 인터넷에 '웃음대화법'을 검색하니 나의 동영상이 나오는 것 외에 그 용어가 전혀 검색되지 않습니다. 그러니까 이건 내가 최초로 만든 신조어라는 의미가 됩니다. 웃음대화법, 좋지 않습니까? 웃음이 곧 대화이고 웃음으로 대화를 하면 소통할 수 있다는 의미입니다.

미국의 세계적인 영화음악 작곡가 조엘 굿맨은 '웃음은 만국 공통의 언어'라고 했습니다. 물론 그가 주장하고자 한 어의와 여기서 말하고자 하는 의미 간에는 약간의 차이가 있습니다. 그러나 대화법에 있어서도 웃음은 매우 훌륭하고 품격 있는 말의 수단이 됩니다.

냉소나 비웃음 등, 적의를 품지 않은 한 웃음이란 좋은 것입니다. 무엇보다도 보기에 좋아서 좋습니다. 잘난 사람은 잘난 대로, 못난이는 못난 대로의 매력을 발산하는 게 웃음입니다.

미소 띤 얼굴은 얼굴에만 그치는 게 아닙니다. 풍채를 좋게 보이게 하고 여유가 있어 보이며 마음씨까지 좋게 보이게 합니다. 또한 전염 효과가 있어서 '나'와 '너'와의 사이에 웃음 띤 얼굴이 상호작용을 하여 서로 간의 심리에 좋은 영향을 미칩니다. '웃는 얼굴에 침을 못 뱉는다'는 속담은 미소의 호감 효과와 더불어 그 얼굴을 보는 사람의 마음까지 여유롭게 하는 전염 효과를 나타내는 말이기도 합니다.

웃는 얼굴을 하면 말씨까지 부드럽고 상냥하게 되는 것도 빼놓을 수 없는 웃음의 효과입니다. 실제로 한번 해보세요. 웃는 얼굴을 하고 "안녕하십니까"라고 말해보고, 찡그린 얼굴을 하고 "안녕하십니까"라고 말해보세요. 표정에 따라 말씨와 어조가 달라지는 것을 금방 확인할 수 있습니다.

내가 '웃음대화법'을 만든 계기가 있습니다. 지방자치단체에서 강의 요청이 왔을 때입니다. 대개 강의 요청을 할 때 강사 프로필, 강사

료 지급을 위한 증빙자료 그리고 교안을 요구하는데 행정기관답게 참 까다로웠습니다. 강사 프로필에서부터 교재까지 요구하는 서식이 복잡했습니다. 문서는 아래 한글이어야 하고, 제목의 글씨 크기는 14포인트, 본문은 몇 포인트, 가로세로와 위아래의 여백은 몇 밀리미터 등을 지켜야 했습니다. 전화로 요구사항을 받아쓰다가 은근히 짜증이 났습니다. 그래서 한마디 툭 던졌습니다.

"아휴, 뭐 그렇게 까다롭습니까?"

알게 모르게 내 목소리에 짜증과 불만이 묻어났을 것입니다. 내가 생각해도 그렇습니다. 그런데 전화 너머의 교육 담당자의 반응이 남달랐습니다. "원래 규정이 그렇습니다"라며 공무원 냄새가 물씬 나는 사무적인 답변을 예상했는데 그가 "하하하"하며 사람 좋은 웃음으로 웃어넘긴 겁니다. 그 순간 그가 어떻게 생긴 사람이며 나이가 몇 살이나 됐을지 모르지만 참 괜찮은 사람이라는 생각이 들었습니다. 여유로운 품격이 느껴졌습니다(나중에 강의를 하러 가서 보니 정말 그랬습니다). 그때 웃음대화법이라는 아이디어가 번뜩 떠올랐습니다.

나의 선배 중에도 그런 분이 있습니다. 팔순에 가까운 연배인데 젊은 사람들과 어울리면 "나 때는 말이야"라는 식의 대화를 하지 않습니다. "허허, 그것 참 재미있네", "허허, 맞는 말이야"라고 웃음으로 대응할 뿐입니다. 오죽하면 후배들이 '허허대감'이라는 별명을 붙였겠습니까. 이렇듯 웃음은 돈 한 푼, 아니 핏대를 올리지 않고도 자신의 의사를 표현하며 품격을 높이는 경제적인 만국 공통의 언어입니다.

나이 들수록 사람들은 별것 아닌 일에 핏대를 올립니다. 별로 아는 것도 없으면서 가르치려 합니다. 별 볼 일 없는 일에 논쟁합니다. 그게 소위 '꼰대 짓'입니다. 나이 오십이면 자칫 꼰대 소리를 듣기 딱 좋은 나이입니다. 꼰대의 문턱을 넘어갑니다. 따라서 웃음대화법을 익히세요. 별 볼 일 없을수록 허허 웃으며 넘기세요. 그러면 여유 있어 보이고 인품 좋아 보이며 통이 커 보입니다.

통하는 대화, 막히는 대화

어른이 사라진 시대

'꼰대'가 '어른' 되는 법

〈죽은 시인의 사회〉라는 영화를 아십니까? 아직 보지 못했다면 꼭 한 번 보기를 권합니다. '카르페 디엠!(Carpe Diem, 현재를 즐겨라)'이라는 명언을 남긴 작품으로 영원한 캡틴이라 일컬어지는 로빈 윌리엄스가 학생을 가르치는 교사는 어때야 하는지를 보여준 명화입니다.

〈죽은 시인의 사회〉는 1980년대 후반의 작품이지만 지금은 죽은 시인의 사회라기보다 '죽은 어른의 사회'입니다. 어른이 사라진 사회라는 것이죠. 누구나 되고 싶어 하지만 이제는 희미해진 존재, 권위가 아니라 품위를 가진 진짜 어른들이 사라지고 있습니다. 그리고는 꼰대가 등장합니다.

꼰대의 사전적 의미는 '선생, 아버지, 늙은이를 이르는 은어, 속어' 입니다. 은어나 속어가 원래 그렇듯이 정확한 유래를 밝혀내기는 어렵습니다. 여러 기록에 따르면 1960년대부터 사용되기 시작한 것으로 알려져 있습니다.

왜 '꼰대'라고 했는가에 관해서도 여러 가지 설이 있습니다. 옛 노인들의 상징인 곰방대가 축약돼 꼰대가 됐다는 '곰방대설'이 있고, 일제강점기 때 일제를 도운 조선인에게 수여했던 작위 중 하나인 백작을 뜻하는 'conte'에서 유래했다는 설, '거들먹거린다', '잘난 체하다' 라는 뜻의 어원을 가진 영어 'condescend(이 단어는 참 묘합니다. '겸손하다', '자기를 낮춘다'는 의미도 있습니다)'에서 파생됐다는 설도 있지만 그렇게 어려운 어원이 있는 것 같지는 않습니다.

오히려 나이 든 사람들의 상징이 '주름'이라는 것에 빗대어 번데기(번데기는 주름의 상징입니다. '번데기 앞에서 주름 잡지 마라'는 말이 있지 않습니까)의 방언인 '꼰데기'에서 유래됐다는 '꼰데기설'이 가장 그럴듯합니다. '꼰대'란 꼰대질을 하는 '진짜 꼰대'와 기성세대를 두루 지칭하는 '꼰대'의 두 가지 의미가 있는데 어느 쪽의 의미로 사용한 것인지는 그때그때 문맥을 통해서 판단하면 됩니다.

사정이야 어쨌든 '꼰대'의 사용이 갑자기 빈번해지고 크게 확산하면서 일상화된 것은 2010년대에 들어서입니다. 이 시기는 새로운 세

통하는 대화, 막히는 대화

대론, 즉 비난의 화살이 신세대에서 기성세대로 전환되는 시기와 맞아떨어집니다.

이전에는 케케묵은 사고방식으로 거들먹거리는 어른을 뒷전에서 비아냥거리거나 흉보면서 꼰대라고 말하는 정도였습니다. 그런데 요즘은 꼰대가 완전 상용어, 유행어가 됐고 뒷전이 아니라 면전에서 들려줄 정도입니다. 범위 또한 매우 넓어져서 연령과 남녀를 가리지 않습니다. 나이가 적으면 '젊은 꼰대'가 되고 여성이라면 '여자 꼰대'가 됩니다. 그러고는 급기야 은어나 속어의 영역을 벗어나 사람을 규정하고 옥죄는 프레임으로 진화했습니다.

어른이 사라지고 꼰대가 등장한 상황에서 어떻게 하면 꼰대가 아닌 어른이 될 수 있을까요? 나이 오십이면 이점을 깊이 고민해야 합니다. 더 늦어서 진짜 꼰대로 굳어지기 전에 말입니다.

품위를 가진 진짜 어른들에 대한 이야기를 두꺼운 책으로 담아낸 『어른이라는 진지한 농담』(원제를 직역하면 '무심한 품위의 기술')의 저자인 독일 귀족 알렉산더 폰 쇤부르크 백작은 오늘날을 가리켜 '죽은 어른들의 사회'라며 기사도를 대안으로 제시합니다.

기사도(chivalry, 騎士道)는 중세 서유럽 봉건 제도의 꽃으로 불린 기사들 사이에 성립한 규범의식 또는 행동양식의 이상형을 말합니다. 물론 쇤부르크가 말하는 기사도란 전근대적인 계급의식으로서의 기사도가 아니라, 현대인이 잃어버린 깊고 넓은 어른의 태도를 보여주는 기사도입니다.

저자가 꼽은 기사도의 핵심은 '스스로의 삶에 대한 책임감, 그리고 삶에서 조금의 구질구질함도 용납하지 않는 고결함'입니다. 이를 바탕으로 기사도의 덕목을 '격식에 얽매이지 않고 품위를 지키는 27가지 방법'으로 소개했습니다. 그런데 27가지 방법(덕목) 중 절반이 넘는 14가지가 말하는 법과 관련됩니다. 현명함, 유머, 열린 마음, 격식, 겸손, 동정심, 인내, 친절, 인자함, 솔직함, 관후함(너그러움과 후덕), 절제, 신중함, 쿨함이 그것입니다. 이 기사도란 오늘날의 신사도입니다.

그렇습니다. 이미 프레임으로 고착된 '꼰대'라는 용어는 사라지지 않더라도 나이 오십 즈음이면 신사도의 회복을 도모할 필요가 있습니다. 그것이 어른이 사라진 시대에 꼰대가 어른 되는 길입니다. 그리고 그것은 바로 말, 젊은 세대와의 대화에서 시작된다는 것을 바르게 인식해야 합니다. 그러면 길이 보이고 그 길을 가노라면 언젠가 문득 어른이 되어 있는 자신을 발견할 수 있을 것입니다.

버려야 할 꼰대 화법

'참가비나 주소' 6계명

꼰대! 이거 참 편리한 단어입니다. 이 한마디면 기성세대의 어떤 행태도 단숨에 박살이 납니다. 옳은 말도 괜한 참견과 잔소리로 둔갑합니다. 요즘 기성세대는 꼰대 프레임에 딱 갇히고 말았습니다.

우리가 흔히 쓰는 '꼰대'는 해외에도 꽤 알려진 한국어 단어입니다. 한국의 꼰대는 이제 세계에도 얼굴을 내밀었습니다. 경제 전문지《이코노미스트》가 'kkondae'라는 단어를 소개하면서 '거들먹거리는 나이 든 사람(condescending old person)'을 뜻하는 한국식 표현임을 밝혔고, 영국 공영방송 BBC는 kkondae를 '오늘의 단어'로 선정하고 '자신이 항상 옳다고 믿는 나이 많은 사람(다른 사람은 늘 잘못됐다고 여김)'을 의미하는 것이라고 설명했을 정도입니다.[13]

이제 기성세대에 대한 신세대의 공격은 '꼰대'라는 비아냥거림이나 불평불만에 머물지 않고 갈등으로 심화해 '세대혐오', '세대증오'의 구조적 문제로 증폭됐습니다.

꼰대의 특징은 여러 가지입니다. 그러나 대화술과 관련하여 '꼰대' 소리 듣지 않으려면 꼭 지켜야 할 원칙, 즉 꼰대 금지 6계명을 만들었습니다. 역시 기억하기 쉽도록 '참·가·비·나·주·소'라는 말로 만들었습니다. '참가비나 주소'라고 기억하면 좋을 것입니다. 복잡하게 화술의 모든 것을 말할 필요는 없고 이 수칙만 잘 지켜도 꼰대가 아닌 품격 있는 선배나 어른으로 대접받을 것입니다.

'참', 참견하지 말자. 나이를 먹는 동안 경험이 많아졌고 인생살이의 험한 꼴도 많이 보아온 탓인지 나이든 이들은 쓸데없는 걱정과 노심초사가 많습니다. 그러니 후배나 젊은이들을 보면 알게 모르게 '콩 놔라, 팥 놔라' 하게 됩니다. 쓸데없는 참견, 그것이 바로 꼰대의 대표적인 언행이니 삼가자는 것입니다.

'가', 가르치려 하지 말자. 참견하다 보면 자연히 가르치게 됩니

13. 《동아일보》, 2019. 11. 23, 시대정신이 된 '안티꼰대'

다. 설문조사에 의하면 꼰대의 특징 첫째가 참견하기를 좋아하며 (40.9%), 허세가 있고(20%), 가르쳐주기를 좋아한다(19.9%)고 합니다. "그건 그런 게 아냐"라며 훈계합니다.

나에게도 그런 경향이 있습니다. 말하자면 직업병입니다. 늘 하는 일이 사람들에게 뭔가를 가르치는 강사라는 직업이다 보니 부지불식간에 자꾸 가르치려는 경향이 있고 버릇이 된 듯합니다. 우리 젊은 시절과 비교해보면 요즘 젊은이는 똑똑해도 너무 똑똑한데 무얼 가르치겠습니까. 괜히 품격만 떨어뜨립니다.

'비', 비난하지 말자. 이것도 앞에서 이미 다뤘습니다. 젊은 사람이 그러면 비판의식이 충만하다 할 수 있지만 나이 들어 그러면 주책입니다. 남 탓하고 비난하는 말이 많아지면 바로 꼰대 짓을 하고 있는 것입니다. 비난의 강도가 높을수록 품격의 수준은 더 떨어집니다.

'나', '나 때는 말이야'라고 말하지 말자. 이것도 이미 앞에서 다뤘습니다. 이런 말을 자주 하면 꼰대의 말버릇이 들은 것입니다. 그래서 젊은이들이 라테 커피에 빗대어 '라테 이즈 홀스(Latte is horse)'라며 빈정거리는 것입니다. '나 때는 말이야'라며 옛날이야기 하기보다 미래에 대하여 말할 줄 알아야 품격 있는 사람이 됩니다.

사실 선배들의 과거 경험담은 매우 중요한 것입니다. 우리가 읽고 배우려는 위인들의 이야기에서부터 세계적인 기업의 경영사례, 리더십 사례가 결국은 다 옛날이야기이고 "나 때는 말이야"로 시작됩니다.

그러나 그것이 정보인지 단순한 꼰대의 추억담인지에 따라 품격이 달라질 것입니다.

'주', 주절주절 말을 많이 하지 말자. 자고로 늙으면 지갑은 열고 입은 닫으라고 하지 않습니까. 주절주절 말이 많아지면 젊은이들은 귀를 닫을 것이요, 소통은 물 건너갑니다. 따라서 대화의 주도권을 젊은이에게 넘겨주고 조용히 경청하는 일이야말로 매력 있는 어른이 되는 지름길입니다.

'소', 소리를 높이지 말자. 나이 불문하고 말을 할 때 목소리가 커지는 것만큼 품격은 낮아집니다. 원래 우리나라 사람들은 목소리를 높여 말하는 습성이 있는데, 젊은이가 큰 목소리로 말하면 힘차고 열정적으로 느껴지지만 나이 든 사람이 그러면 주책없고 개념 없는 것으로 받아들여집니다. 따라서 의식적으로 목소리를 낮추는 화법을 구사해야 할 것입니다.

통하는 대화, 막히는 대화

'라테 화법'의 5가지 특징

기성세대들이 지난날의 자신의 경험담을 "나 때는 말이야"라고 시작한다고 해서 커피에 비유하여 '라테 화법'이라지만 라테도 커피 나름이라 맛난 커피도 있고 그렇지 않은 것도 있습니다. 옛날이야기 중에도 정말 도움이 되고 정보가 되는 것이 얼마든지 있다는 말입니다. 그렇다면 도움이 되지 않고 품격 없는 옛날이야기는 어떤 특징이 있을까요? 크게 5가지를 꼽을 수 있습니다.

1. 내용이 시시껄렁하고 정보가 안 됩니다. 별로 중요하지 않은 이야기, 교훈이 안 되는 시답잖은 개인사, 성공담이든 실패담이든 자기 미화에 그치고 말기 때문입니다. 소중한 정보, 참고해야 할 콘텐츠가 없이 그냥 과거의 이야기라는 특징이 있습니다.
2. 과장된 무용담과 자랑입니다. 사람들이 뻔히 그 사람의 역사(?)와 능력을 잘 아는데 자기 미화에 그칩니다. 차라리 실패와 반성이면 그나마 도움이 될 텐데 말입니다.
3. 비난하려는 의도입니다. 즉 옛날이야기를 하는 근본이 핀잔을 주려는 것입

니다. 우린 이랬는데 너희는 왜 그러냐는 식입니다. 우린 고생했는데 너희는 그것도 못 참느냐는 식. 그러니 자연스레 훈계가 되고 듣기 싫어집니다.

4. 일방적입니다. 설교하고 가르치려 합니다. 자기의 판단이 지금도 유효한 줄 압니다. 듣는 이의 생각과 입장, 현재 상황을 고려하지 않습니다. 억지로 교훈을 주려고 합니다.

5. 길게 말하거나 반복합니다. 듣기 싫은 말, 일방적인 말은 짧아도 길게 느껴집니다. 짧게 말해도 될 것을 지루하게 스토리텔링 합니다. 또는 이미 들은 이야기, 알고 있는 이야기를 상대의 표정이나 반응에 둔감해 자신의 속도로만 계속 말합니다.

품격 있는 사람이 되려면 이런 5가지 특징을 거꾸로 하면 됩니다. 정보만 말하고 판단은 듣는 이의 몫으로 남깁니다. 핀잔하지 말고, '그땐 이랬는데 당신네가 지금은 더 잘한다'는 식으로 말하는 게 좋습니다. 또한 중언부언 말을 길게 하지 말길 바랍니다.

최고의 품격은 후덕함

나 자신을 위해 용서하고 사랑하라

이제 책을 마무리하면서 덕성과 용서 그리고 사랑에 대해 말하고자 합니다. 인간의 품격 중에 단연 으뜸은 덕성입니다. 후덕함입니다. 후덕이란 덕이 두터운 것입니다. 덕의 사전적 의미는 '남을 넓게 이해하고 받아들이는 마음이나 행동'입니다. 따라서 우리의 언어에는 반드시 덕이 우러나야 합니다. 덕을 실천해야 합니다. 남을 넓게 이해하고 받아들이려면 상대를 용납하고 용서하는 것이 필요합니다. 용납은 상대의 태도와 행동을 받아주는 소극적인 의미의 덕이고 용서는 적극적인 의미의 덕입니다.

중국의 춘추전국시대. 공자에게는 수많은 제자가 있었지만 그중에서 가장 뛰어난 제자 10명을 가리켜 공문십철(孔門十哲)이라고 합니다. 그중에서도 자공(子貢)은 언변이 가장 뛰어난 인물로 꼽힙니다. 당시의 사람들로부터는 스승인 공자보다 더 뛰어난 인물로 평가받기도 했습니다. 그러나 공자는 자공을 군자로 인정하지 않았습니다. 능력은 뛰어났지만 인격 면에서는 부족하다고 봤기 때문입니다. 어느 날 자공이 공자에게 물었습니다.

"한마디 말로 평생토록 실천할 만한 것이 있습니까?"

공자가 대답합니다.

"그것은 서(恕)다. 자기가 원하지 않는 것을 남에게 하지 않는 것이다(己所不欲勿施於人, 기소불욕물시어인)."

공자의 대답 중 서(恕)에 주목해봅시다. 평생 실천할 것으로 '서'를 꼽았는데 '서'는 '남의 처지를 헤아려주다', '어질다', '용서하다'라는 의미가 있는 한자입니다. 그러니까 남의 처지를 헤아리는 어진 마음이 있다면 자연스럽게 용서하게 된다는 의미가 한 글자에 모두 포함된 셈입니다.

세상을 살면서 마음이 맞지 않는 사람은 많습니다. 그런 사람과 교류하며 대화를 나눈다는 것은 스트레스입니다. 흔히 이성 간에 궁합을 말하지만 이성이 아니더라도 궁합은 현실적으로 존재합니다. 그럼

궁합이 맞지 않는 사람과는 어떻게 해야 할까요? 피할 수 있으면 피하면 되지만 세상사가 어디 그렇습니까? 더구나 한 직장에서 함께 일하는 사이라면 더욱 그렇습니다. 그럴 때는 피할 것이 아니라 적극적으로 해결책을 모색해야 합니다.

당신이 진정으로 갈등의 상황이 개선되기를 원한다면, 당신이 통제할 수 있는 단 한 가지, 즉 자신에게 초점을 맞춰서 해결책을 찾아야 합니다. 그것이 요령입니다. 상대방이 반응하든 반응하지 않든, 내가 처해 있는 상황에 영향을 줄 수 있는 가장 긍정적인 방법은 나 자신, 즉 내가 '될 수 있는 것', '할 수 있는 것'에 대해서 노력하는 것입니다. 그것 중에서 가장 유용한 수단이 '용서'와 '사랑'입니다.

앤디 앤드루스는 『폰더 씨의 위대한 하루 실천편』에서 매일 용서하는 마음으로 하루를 맞이하라고 했습니다. 그는 모든 사람을 무조건 용서하라면서 '특히 이 사람만은 절대로 용서할 수 없다고 생각하는 사람을 용서하라'고 강조합니다. 그렇게까지 용서해야 하는 이유는 용서를 통해 상대방이 얻는 것보다 나 자신이 얻는 것이 더 많기 때문입니다.

스티븐 코비는 한술 더 떠서 용서를 넘어 '사랑'하기를 권합니다. 유명한 책 『성공하는 사람들의 7가지 습관』에서 상대방에게 조건 없는 사랑과 지원을 하라고 했습니다. 주도적으로 사랑하라는 것입니다. 그러면 상대방도 내가 보여준 주도적인 본보기의 영향을 느끼고 같은 방법으로 반응하게 된다고 합니다.

주도적인 사랑을 하라고? 싫은 사람을 사랑할 수 있을까요? 미운 사람을 어떻게 사랑할 수 있습니까. 우리는 성자가 아닌데 말입니다. 그러나 게리 채프먼은 그의 책 『5가지 사랑의 언어』에서 사랑의 감정과 사랑의 행위를 구별해보기를 권합니다. 그러면 싫은 사람을 사랑할 수 있다는 것입니다.

전혀 사랑의 감정이 없는데 있다고 한다면 그것은 위선입니다. 그러나 상대방에게 유익하거나 만족을 주는 행위를 하는 것은 선택할 수 있지 않겠습니까? "미워하는 사람에게 따뜻한 감정이 없는 것은 당연하다. 따뜻한 감정을 갖는 것이 비정상이다. 그러나 그를 위해 사랑의 행위를 할 수는 있다"라고 게리 채프먼은 강조합니다. 사랑의 감정과 사랑의 행위는 다를 수 있다는 말입니다.

미국의 저명한 정신의학자이자 베스트셀러 작가인 M. 스캇 펙도 같은 말을 했습니다.

"사랑은 의지의 행위다. 의지에는 선택이 따른다. 우리가 반드시 사랑해야 하는 것은 아니다. 우리는 사랑하기로 선택한 것이다."

의지로 상대를 사랑한다고? 어찌 보면 성인군자가 되라는 말처럼 들릴 수 있습니다.

"사람들 때문에 당하는 고통으로 분노가 극에 달했는데 능동적으로 사랑하라고?"

이렇게 반문할 것입니다. 그렇습니다. 당신이 분노의 미로에서 빠져나오려면 능동적으로 무한히 사랑해야 합니다. 그것은 '옳은 일'이기 때문이 아니라, 그것이 결국은 상대방과 당신에게 유익한 일이기 때문입니다.[14]

상대방을 사랑하기로 선택했다면 상대를 있는 그대로 인정하고 받아들여야 합니다. 후덕함으로 그를 용서하고 받아들여야 합니다. 그러면 대화에서 어떤 말이 나올지는 뻔합니다. 인정하고 수용하는 말, 따뜻한 배려와 관대함이 묻어나는 언어가 나올 것입니다.

인간애(人間愛)가 바탕에 깔리지 않은 인간관계는 허구입니다. 인간애란 타인에 대한 배려요 관대함입니다. 용서하는 것입니다. 인간애가 있는 사람은 인간미가 있습니다. 아름다운 것입니다.

특히 사랑은 타인에게보다 나 자신에게 더 기분 좋은 에너지를 만들어줍니다. 그것은 이 세상에서 가장 위대한 동기부여의 힘을 발휘합니다. 삶을 특별하게 만들어주며 풍요롭게 해줍니다. 품격 높은 사람이 되는 것은 당연합니다.

---

14. 『툴스』, 필 스터츠 · 베리 미첼스 공저, 이수경 역, 21세기북스, 2012

TALKING
CLASS

치유의 시작은 '용서'

태어날 때부터 병약한 사람이 있었습니다. 성장기 이후에는 늘 불면과 우울에 시달렸습니다. 어른이 되고 아이를 낳아 키우던 중 암 진단을 받았습니다. 대학 병원의 여러 진료과를 전전하며 수많은 검사를 받았지만 몸은 극도로 쇠약해져 갔습니다. 또다시 다른 병원을 찾았고 그를 맞이한 의사는 우선 심리적 환기가 필요하다고 느꼈습니다. 의사는 100여 가지 아로마오일 중 하나를 골라 그녀의 양 손바닥에 한 방울씩 떨어뜨렸습니다.

"무언가요?"

다소 시니컬한 눈빛으로 그가 물었습니다.

"어때요?"

"뭔지 모르지만 향이 좋네요."

의사는 말없이 아로마오일 병을 들어 뚜껑에 적인 이름을 그에게 보여줬습니다. 순간, 그의 표정이 무너져 내렸고 나지막한 탄성을 내뱉으며 울기 시작했습니다.

아르마오일의 이름은 '용서'였습니다. 아마도 병약하게 낳은 부모, 친절하지

않았던 의료진들, 재발과 전이, 상황이 나빠질수록 커져간 좌절과 분노가 머리

를 스쳤기 때문일 것입니다. 실화입니다.

—『치유, 물음에 답합니다』(어해용, 페가수스) 중에서

품격 있는 대화 능력으로 행운이 충만하기를

글을 쓰는 동안 수시로, 내가 오십 즈음의 나이 때는 어땠는가를 돌아봤습니다. 사람들과 어떻게 대화를 나눴는지, 어떤 요령을 방침으로 삼아 소통했는지 말입니다. 쑥스러운 얘기지만 그때는 아무 생각이 없었던 것 같습니다. 그냥 생긴 대로, 평소에 하던 대로 말하고 듣고 했을 뿐입니다. '소통'이란 단어조차 일상 용어가 아니었으니까요.

그러나 이제는 시대가 달라졌습니다. 그냥 생긴 대로 말해서는 어떤 난처한 상황에 처할지 모르는 세상입니다. 그만큼 사람과 세상이 영악해졌습니다. 이제 인생의 중반쯤에서 한번쯤 자신의 '말'을 점검해볼 때가 됐습니다. 과연 품격 있는 대화를 하고 있는지 말입니다.

품격이 사라지는 세상이기에 그것의 가치가 그만큼 더 크다는 것을 인식하면서 말입니다.

70의 나이에 시작한 유튜브를 통해 참 많은 걸 배웁니다. 그중 하나가 세상엔 별별 사람이 다 있다는 것입니다. '어쩌면 그렇게 생각이 다를 수 있을까?'라고 놀랄 때가 많습니다. 그런데 여기서 '다른 생각'이라는 게 다양성을 의미하는 게 아닙니다. 엉뚱한 사람이 많다는 부정적 의미의 말입니다.

예를 들어 '이런 사람은 사귀지 말라'는 내용의 방송을 한 적이 있습니다. 그건 어디까지나 내 의견이요, 그동안의 경험을 통해 얻은 나의 상식, 나의 믿음일 뿐입니다. 엄청난 조사연구의 결과가 아닙니다. 유튜브 방송이란 게 학술발표의 장은 아니잖습니까.

그런데 반응은 가지각색입니다. '참 좋은 내용이다', '큰 교훈을 얻었다'라는 긍정과 호응의 댓글이 있는가 하면 '너나 잘하세요'라는 비아냥거림에서부터 '너 같은 놈부터 사귀지 말아야겠다'는 폭언까지 나옵니다. 한마디로 말귀를 못 알아듣는 사람들입니다.

대화에서도 마찬가지입니다. 의외로 말귀를 못 알아듣는 사람, 말이 통하지 않는 사람이 많습니다. 직장에서도 그렇고 가정에서도 예외가 아닙니다. 왜 말귀를 못 알아들을까? 상대를 이해하려는 마음, 상대의 말을 받아들이려는 마음이 없기 때문입니다. 마음이 닫혀 있기에 들리지 않고 들리더라도 기분 나쁘게 들리니 부정하고 거부하게

에필로그

됩니다. 따라서 우리는 대화술을 배우기 전에 가장 먼저 할 일은 마음을 여는 것입니다. 세상과 사람들을 긍정으로 봐야 합니다. 상대를 따듯한 시선으로 봐야 합니다. 그래야 말귀가 열리고 대화다운 대화가 가능해집니다.

'대화가 필요해/우린 대화가 부족해/서로 사랑하면서도/사소한 오해 맘에 없는 말들로/서로 힘들게 해.'

'더 자두'가 노래한 〈대화가 필요해〉의 가사 중 일부입니다. 정말이지 우리 모두에겐 대화가 필요합니다. 그러나 우리에게 필요한 대화는 많은 대화가 아니라 좋은 대화입니다. 대화가 부족하다고 했지만 그건 양의 문제가 아니라 질의 문제라고 믿습니다. 그러니 앞으로 대화를 할 때마다 질의 문제에 집중해야 하겠습니다. 그래야 사랑하면서도 오해를 낳지 않습니다. 더구나 비대면의 시대를 살고 있으니까요.

"개에게 물린 사람은 반나절 만에 치료받고 집으로 돌아갔습니다. 뱀에게 물린 사람은 3일 만에 치료를 끝내고 갔습니다. 그러나 사람의 말(言)에 물린 사람은 아직도 입원 중입니다."

인터넷에 떠도는 글인데 어느 병원에 이렇게 쓰여 있었다며 사진도 올라와 있습니다. 수소문했지만 어느 병원인지, 최초에 누가 한 말인지는 모르겠습니다. 그러나 명언입니다. 아마도 병원에서는 병원을 찾는 사람들이 그곳에 종사하는 사람들에게 말로써 상처를 주는 일이 많기에 제발 그러지 말고 부드럽게 말하자는 의미에서 그런 글을 써놓았을 것 같습니다.

이건 반드시 고객과 고객 응대 종사자와의 관계에만 해당하는 말이 아닙니다. 너나 할 것 없이 말로 사람을 물어 다치게 하지 말아야 합니다. 당신의 말로 인해 아직도 환자의 상태에 머무는 사람은 없는지 돌아볼 일입니다.

대화의 요령과 방법을 한 권의 책에 다 담을 수는 없습니다. 판을 크게 벌이면 끝이 없을 것입니다. 그렇다고 그 많은 요령과 방법이 모두 필수적인 것도 아닙니다. 그래서 이 정도로 마무리를 합니다. 여기에서 다룬 것만 잘 익히고 실천해도 오십의 나이에, 아니 누구라도 사람들에게 호감을 사고 잘 통하는 품격 있고 노련한 대화의 고수가 될 것입니다. 그리하여 독자 여러분의 인간관계는 물론 직장생활, 더 나아가 인생에 행운의 기가 충만하기를 기원합니다.